国家自然科学基金重点项目（71633006）资助

国家自然科学基金项目（71874210，71874207，71974208)资助

国家社会科学基金项目（18ZDA061，19BJY076）资助

中南大学创新驱动计划项目（2020CX049)资助

|国家金属资源安全丛书|

丛书主编　　黄健柏

GUOJIA JINSHU ZIYUAN ANQUAN GUANLI ZHONG
FEICHANGGUI TUFA SHIJIAN YINGXIANG YANJIU

国家金属资源安全管理中
非常规突发事件影响研究

张宏伟　著

中国财经出版传媒集团

经济科学出版社
Economic Science Press

图书在版编目（CIP）数据

国家金属资源安全管理中非常规突发事件影响研究/张宏伟著 .
—北京：经济科学出版社，2020.1

（国家金属资源安全丛书）

ISBN 978 - 7 - 5218 - 1184 - 1

Ⅰ.①国…　Ⅱ.①张…　Ⅲ.①突发事件 - 影响 - 金属矿物 -
矿产资源管理 - 安全管理 - 研究 - 中国　Ⅳ.①F426.1

中国版本图书馆 CIP 数据核字（2020）第 019059 号

责任编辑：李　雪
责任校对：王肖楠
责任印制：邱　天

国家金属资源安全管理中非常规突发事件影响研究

张宏伟　著

经济科学出版社出版、发行　新华书店经销

社址：北京市海淀区阜成路甲 28 号　邮编：100142

总编部电话：010 - 88191217　发行部电话：010 - 88191522

网址：www. esp. com. cn

电子邮件：esp@ esp. com. cn

天猫网店：经济科学出版社旗舰店

网址：http: //jjkxcbs. tmall. com

固安华明印业有限公司印装

710 × 1000　16 开　13.25 印张　180000 字

2020 年 4 月第 1 版　2020 年 4 月第 1 次印刷

ISBN 978 - 7 - 5218 - 1184 - 1　定价：56.00 元

（图书出现印装问题，本社负责调换。电话：010 - 88191510）

（版权所有　侵权必究　打击盗版　举报热线：010 - 88191661

QQ：2242791300　营销中心电话：010 - 88191537

电子邮箱：dbts@ esp. com. cn）

序　言

　　党的十八届三中全会决定成立国家安全委员会，全面维护新时期复杂环境下的国家安全。2014年4月，习近平主席首次提出总体国家安全观，系统提出"11种安全"，引起了世界广泛的关注。这11种安全议题首次包括了有关资源利用的安全议题，即资源安全。这是在国家层面上首次提出并确认的安全议题。金属资源是国民经济建设的重要物质基础，金属资源安全事关国家安全。

　　据中国地质科学院测算，2025年前后，我国铜、铝、铅等金属资源需求顶点将陆续到来，但需求总量将在相当长的时间内保持较高水平；铍、锶、锗、镓、铟等战略性金属资源需求则会持续增长。但我国金属资源的基本条件决定了国内资源的自我保障能力较差，加之未来10～15年仍将是我国矿产资源消费的增长阶段，使得我国重要矿产品种的总量保障明显不足，资源结构性矛盾突出，大宗矿产资源的对外依存度将进一步上升，同时资源分布与工业布局不匹配问题也将变得更加突出（国务院发展研究中心，2013）。矿业联合会的研究表明，到

2020 年，我国已探明储量的金属矿产资源中，铁、铝土矿、锰、锡、铅、镍、锑、金等将处于短缺状态，铜、锌、铬、钴及铂族元素将严重短缺。而金属产业中低端冶炼产能则将出现严重过剩。2012～2014 年，我国钢铁、电解铝的产能利用率仅维持在 72%～75%。未来十年，我国主要金属资源需求将陆续达到峰值，面临资源洪峰与产业转型的双重压力。

中国金属资源供给的这样一种基本状况，要求我们不得不寻求更广范围的世界资源。进入 21 世纪以来，我国开始从以往的"自给自足"的资源战略转变为立足国内、资源国际化经营的新战略。充分利用"国内国外两种资源、两个市场"的战略举措，一定程度上缓解了中国金属资源供给短缺瓶颈，但并没有从根本上改善金属资源供给的经济性、稳定性和持续性。据矿业联合会统计，中国海外矿业投资的成功率不到 20%。许多海外矿山投资项目不仅没有为企业带来利润，甚至成为拖累企业业绩的包袱。跨国矿业巨头早年圈地的先发优势、全球资源民族主义抬头、资源所在国的政治动荡及文化与语言差异是我国矿业企业海外开发受阻的直接原因。而国内监管和审批制度烦琐、投资项目预研和论证不充分、缺乏收购和管理技巧，以及政策驱动性过强、盲目要求控股则是海外矿业投资失败的内在原因。从未来发展形势来看，中国金属资源的主要来源国印度尼西亚、赞比亚、蒙古国、澳大利亚等相继加强了资源控制，跨国矿业公司垄断格局难以打破，美国亚太再平衡战略加大了海外资源运输通道安全的压力。这些地缘政治和经济因素的影响，使得中国矿业企业走出去困难重重，金属资源的全球化配置风险日益突出。这些问题需要理论界和实务界的同仁们共同探讨，走出一条符合中国国情的金属资源国际化经营的路子。

在世界矿业资源竞争日益激烈的背景下，中南大学于2012年11月成立金属资源战略研究院，依托学校在金属资源领域的学科优势，搭建起金属资源硬科学与软科学交叉融合的开放式研究平台，专注于国家金属资源重大战略问题的研究。研究院成立至今，围绕着产能过剩与产业转型升级、资源安全战略与产业政策、资源节约与环境保护，以及资源价格与矿业金融等金属资源领域的重大问题形成了稳定的研究团队和研究方向。本系列丛书既是对研究院现有研究成果的一个总结和展示，同时也是研究院在国家金属资源安全的视角下，对我国金属资源领域的重大战略问题的思考和解析。

当前，受国际形势和行业产能过剩影响，我国金属资源产业开始由"高速增长"转入"中低速增长"。经济增长放缓对金属资源的供需规模演变将产生重要影响；新一轮技术革命将加快对金属资源供需结构的调整；政府与市场关系的重塑、"走出去"战略的成果释放、国家"一带一路"倡议及其他重大战略的实施都将对我国金属资源战略带来制度层面的重大变革。金属资源产业正处于深度调整时期，国家金属资源安全战略、管理体系和政策需要进一步重构。为此，也希望本系列丛书的出版能够为金属资源领域的经济管理决策部门、企业及所有关心金属资源产业发展的各界人士提供有益的借鉴和参考。

黄健柏

2015年12月

前　言

　　经济新常态下国家金属资源安全面临错综复杂的新特征、新形势和新问题，各种非常规突发事件对我国金属资源安全造成巨大冲击。随着政治多极化、经济全球化和生产国际化的发展，我国金属资源供应安全保障面临着日益严峻的突发风险，非常规突发事件对我国金属资源安全的影响已经成为亟待解决的重大经济安全问题。对此，以中南大学黄健柏教授为首席专家的研究团队，承接了国家自然科学基金重点项目"经济新常态下的国家金属资源安全管理及其政策研究"，并展开了为期三年的深入研究，本书正是这项研究基于非常规安全角度的研究成果，并为上述问题的解决提供了可资借鉴的研究视角和相关政策优化的路径。

　　本书从保障国家金属资源非常规安全出发，在充分认识中国国情的基础上，梳理了威胁国家金属资源安全的非常规突发事件，归纳了金属资源非常规突发事件的类型和特征，构建了非常规突发事件对国家金属资源安全影响的压力—状态—响应（PSR）分析新框架，拓展和完善了国家金属资源安全体系。然后基于 PSR 模型，从压力、状态和响应三个维度构建了金属资源非常规突发事件风险分析框架。基于该风险分析框架，将云模型与贝叶斯网络相结合，构建了云参数贝叶斯网络对我国金属资源非常规突发事件风险进行动态评估。同时基于系统动力学方法模拟仿真非常规突发事件的动态演变过程，揭示不同类型的非常规突发事件对国家金属资源安全的影响程度和传导路径，并进一步分析了经济新常态下金属跨期现市场操纵这一非常规突发事件对国家金属资源安全的影响程度；最后有针对性地提出有效应对我国金属资源非常规突发事件的政策建议。

　　本书的独特之处在于：从非常规安全的视角来认识国家金属资源安全问题，通过典型金属资源危机事件的梳理与系统仿真模型的构建，揭示了不同类型的非常规突发事件对国家金属资源安全的影响机理，并在经济新常态下各个资源市场之间联动性增强的背景下，进一步分析了金属跨期现市场操纵的影响机理。针对非常规突发事件风险分析中存在的模糊性、随机性、主观性与信息不确定性问题，结合云模型超强的知识信息表达能力与贝叶斯网络强大的推理能力，实现了我国金属资源非常规突发事件风险的动态评估。同时本书还从加强我国金属资源非常规突发事件应急体系建设、建立金属资源非常规突发事件风险动态评估机制、建立有效的金属跨期现市场联动预警机制、尽快启动金属资源应急储备建设、拓展境外资源的供应渠道五个方面提出了具体政策建议。

　　总而言之，本书对复杂且难以预测的非常规突发事件进行了考察，深入剖析了非常规突发事件所引发的国家金属资源安全的深层原因，通过典型案例的归纳总结，深入分析非常规突发事件对我国金属资源安全的作用机理，最终实现了对我国金属资源非常规突发事件的风险评估和影响评估，并给出了有效缓解非常规突发事件冲击影响的系统性政策建议。相关研究对有效应对非常规突发事件，实现快速高效的金属资源风险管理提供了重要的参考和借鉴意义。

目　录

第一章

引　言

第一节　研究背景

21世纪以来，为了维护新时期复杂环境下的国家安全，党的十八届三中全会决定成立国家安全委员会。习近平总书记在2014年4月首次提出了包括资源安全在内的总体国家安全观，而金属资源安全是资源安全的重要内容。当前我国金属资源需求量大，其安全保障具有重要的战略意义。金属资源安全与国家经济安全、国防安全紧密相关。

一直以来，金属资源的稀缺性及空间分布的地域性差异决定了任何一个国家的金属资源都不可能应有尽有，资源需求和资源供应的矛盾决定了争夺金属矿产资源和控制金属资源市场已成为世界各国的必然选择。随着金属资源供需矛盾的不断加剧，很多发达国家积极调整资源安全战略，一方面，资源战略由原来的加强开采、扩大实物储备逐步转变为产地储备、需求控制及产业结构优化；另一方面，凭借强大的政治影响力和军事能力进行文化传播、政治渗透、贸易控制、技术研发甚至军事干预等来影响金属资源供需格局，掌控市场定价权和话语权，从而维护国家资源安全。

　　经济新常态下国家金属资源安全面临错综复杂的新形势、新特征和新问题，各种非常规突发事件对我国金属资源安全的影响不可小觑。尽管与过去几十年间全球资源需求相比，尤其是过去十几年我国对金属资源需求的爆发式增长相比，全球金属资源总体需求有所放缓，但不可否认的是，资源危机仍是我国未来面临的最大风险之一。一直以来，为了对世界范围内的资源进行争夺，资源民族主义冲突不断加剧，西方发达国家为了在全球资源市场中占据有利地位，对资源地区强行干预，甚至发动战争，使资源生产国的政治格局更加动荡不安。资源的海外运输主要依靠海上运输，需要通过海盗事件频发、政治动乱及国际恐怖主义盛行的马六甲海峡和霍尔木兹海峡。美国在我国周边地区的战略部署，给我国资源供应的运输通道安全构成了极大的挑战。西方国家极力渲染"中国资源威胁论"，这使得我国资源型企业在这些国家的海外贸易和资源开发项目政治风险加大，一方面，需要与大型的国际资源型企业积极竞争，另一方面还要兼顾相互之间的国际政治关系。生产安全和环境污染，以及语言和宗教差异所引起的社区问题也使得我国资源的海外开发风险重重。此外，当前国际宏观经济形势错综复杂，全球经济下行，欧洲主权债务危机很可能引发国际金融市场反复大幅震荡，经济运行风险加大。复杂的宏观经济形式也给我国工业发展和资源产业带来了不确定性。伴随着全球经济发展的不确定性，在今后较长时期内，金属等矿产资源价格的波动风险将日益突出。随着经济全球一体化的发展，全球范围内金属资源价格除了受市场供求因素影响外，很大程度上受到地缘政治、资源民族主义、自然灾害与环境污染事件及投机行为等非常规突发事件的影响，我国金属矿产资源供应保障面临着日益严峻的突发风险。

　　因此，在国家金属资源安全管理中对复杂且难以预测的非常规突发事件进行考察和分析，从一系列典型的非常规突发事件对国家金属资源安全影响的实例出发，解析非常规突发事件对国家金属资源安全的影响机制，评估由于自然灾害、地缘政治、重大矿难与环境污染、资源民族主义，以及金融与资本市场投机行为等非常规突发事件所导致的资源"买不到、运不进、成本高"的资源危机事件对国家金属资源安全的风险大小和影响程度，并提出应对非常规突发事件的可操作性强的政策建议。该研究是国家金属资源安全体系基于非常规安全的拓展和完善，是对国家金属资源常规安全的补充，不仅对非常规突发事件下的金属资源安全保障问题具有十分重要的理论价值和应用价值，同时对于完善国家金属资源应急体系建设具有重要的现实意义。

第二节 研 究 意 义

随着新一轮技术革命和产业变革的到来，我国对金属资源需求呈现爆发式增长，金属资源日益成为各国利益争夺的焦点。而发达国家不断利用 WTO 贸易规则倒逼我国敞开优势金属供应，导致我国金属资源可持续供应能力不断下降。此外，由于自然灾害、地缘政治、资源民族主义、重大矿难与环境污染，以及金融与资本市场投机行为所导致的资源"买不到、运不进、成本高"以及"环境污染"的资源危机事件频发，导致我国金属资源安全面临日益严峻的突发风险。在这种背景下，分析非常规突发事件对国家金属资源安全的影响程度和传导路径，科学评估我国金属资源非常规突发事件发生的风险，进而提出切实可行的应对金属资源非常规突发事件的政策建议，具有非常重要的理论价值与现实意义。

1. 理论价值

本书从国家金属资源非常规安全角度，研判在更为复杂和难以预测的突发事件背景下，国家金属资源安全的演变趋势，构建非常规安全视角下突发事件对国家金属资源安全影响分析框架，解析国家金属资源安全管理中非常规突发事件影响机制，回答经济新常态下国家金属资源面临哪些非常规突发事件，这些非常规突发事件发生的风险有多大，对国家金属资源安全的影响有多大等关键问题。这对于有效应对金属资源突发危机、拓展和完善国家金属资源安全体系等具有重要的理论意义。

2. 现实意义

本书在国家金属资源非常规安全机理分析基础上，结合经济新常态下国家金属资源安全面临错综复杂的新形势、新特征、新问题，量化不同类型非常规突发事件对国家金属资源安全的影响程度，分析其传导路径，并进一步科学评估和预判国家金属资源安全管理中非常规突发事件的影响。在此基础上，有针对性地提出有效应对国家金属资源非常规突发事件的应急对策，这将有助于提高复杂环境下我国处理非常规突发事件的能力，完善我国金属资源领域应对非常规突发事件的应急体系建设，针对不同非常规突发事件形成基于"情景—任务—能力"的策略库（预案）；同时也有助于应对错综复杂的国际市场大环境下金属矿产资源价格波动风险，增强中国在金属矿产资源国际市场定价过程中的影响力，维护国家金属资源安全。

第三节　对象界定

关于金属的对象界定，为了更具一般性和普适性，选择大宗金属作为主要研究对象。由于金属主要包括有色金属和黑色金属，在有色金属中，铜期货上市时间早、交易量大、流动性好，是对国民经济具有重要作用的战略资源，因此选择铜作为有色金属的典型代表；在黑色金属中，我国铁矿石对外依存度极高，是对国民经济发展具有重要战略意义的大宗金属，因此选择铁矿石作为黑色金属的典型代表。在具体的实证分析中，第五章非常规突发事件的风险评估选择对外依存度极高的铁矿石作为研究对象，第六章非常规突发事件的影响评估选择更具普适性的铜作为研究对象。

关于国家金属资源安全的界定，借鉴中南大学金属资源战略研究院的最新研究成果，界定国家金属资源安全的内涵包括金属资源供给安全、经济安全及生态安全。因此，在第四章非常规突发事件对国家金属资源安全的影响机理分析中，国家金属资源安全涵盖三个维度：供给安全、经济安全和生态安全；而在具体的实证研究中，为了在模型构建中有效量化非常规突发事件对国家金属资源安全的影响程度，同时为了简化模型及研究问题的需要，实证研究中的国家金属资源安全主要指经济安全，或更确切地说是价格安全。

第四节　研究内容与框架

我国金属资源一方面面临日益严峻的非传统安全威胁，另一方面我国对金属资源的消费需求依然强劲，在此双重压力下，本书拟采用定性研究和定量研究相结合的方式，首先对威胁国家金属资源安全的非常规突发事件进行梳理，归纳非常规突发事件的类型和特征，运用压力—状态—响应（PSR）模型解析不同类型非常规突发事件对国家金属资源安全影响机理，在此基础上基于风险理论、贝叶斯网络、联合数推理算法及云模型理论等方法，构建非常规突发事件风险评估体系，对非常规安全视角下突发事件风险进行动态评估和预测；然后，运用系统动力学模型探究不同类型非常规突发事件对国家金属资源安全的影响程度和传导路径；最后，提出有效应对非常规突发事件的政策建议。这既有利于提升我国应对非常规突发事件风险的防范能力，也有利于保障我国金属资源安全，实现制造强国战略。

本书主要按照"现状分析—机理分析—影响评估—对策设计"的思路展开。在现状分析部分，回答了威胁国家金属资源安全有哪些的非常规突发事件，归纳了金属资源非常规突发事件的类型并分析了其特征；在机理分析部分，运用压力—状态—响应模型解析非常规突发事件对国家金属资源安全影响机理；在影响评估部分，分别测度了非常规突发事件发生的风险有多大及影响程度如何。首先，基于 PSR 分析框架构建了金属资源非常规突发事件风险分析模型，以我国铁矿石海上通道突发事件为例，运用云参数贝叶斯网络对我国金属资源非常规突发事件风险进行科学评估，并进一步基于仿真实验动态评估非常规突发事件风险的变化；然后，运用系统动力学（SD）模型，研究非常规突发事件对国家金属资源安全影响机理，并设计具体的突发情景进行模拟仿真，评估不同情景冲击下非常规突发事件对国家金属资源安全的影响程度和演化路径；最后，基于前述的研究结果，为有效应对我国金属资源非常规突发事件提出可操作性和针对性强的政策建议。研究内容主要分为以下七个部分：

第一章：引言。本章首先给出了本书的研究背景、研究意义及对象界定，进而对本书的主要研究内容和研究框架进行说明，最后阐述了研究方法和可能的创新点。

第二章：文献综述。本章内容首先介绍了突发事件影响的研究现状，指出现有突发事件的影响研究主要集中在重大矿难与环境污染事件、地缘政治事件、自然灾害事件、资源民族主义事件及金融与资本市场投机事件五个方面；然后，本章介绍了突发事件的演化机理及风险评估的研究现状；最后系统梳理了国家金属资源安全的国内外研究现状，包括国家金属资源安全内涵研究、国家金属资源安全影响因素研究和国家金属资源安全评估研究。在以上文献梳理的基础上进行述评，指出现有研究存在的一些不足之处，据此提出本书的选题依据和创新点。

第三章：金属资源非常规突发事件现状分析。本章在对威胁国家金属资源安全的非常规突发事件进行梳理的基础上，根据风险源的不同将金属资源非常规突发事件归纳为五种类型：重大矿难与环境污染事件、自然灾害事件、地缘政治事件、资源民族主义事件及金融与资本市场投机事件，并进一步分析了金属资源非常规突发事件的特征。

第四章：基于 PSR 模型的金属资源非常规突发事件影响机理分析。本章在对金属资源非常规突发事件演化特征分析的基础上，构建了非常规突发事件对国家金属资源安全影响的压力—状态—响应（PSR）模型，就非常规突发事件对国家金属资源安全所造成的资源"买不到、运不进、成本高"以及"污染严重"并导致金属资源供给危机和价格危机的"状态"，最终政府、企业和个人联合起来进行"响应"来减缓外部"压力"冲击的演化机理进行具体阐释。

第五章：基于 PSR 模型的金属资源非常规突发事件风险评估。本章内容从四个方面详细介绍了非常规突发事件风险评估的过程：（1）从国家金属资源非常规安全内涵出发，通过第四章的机理分析，基于压力—状态—响应分析框架，从风险源的危险性—承险体的脆弱性—防范能力三个方面构建了一套我国金属资源非常规突发事件的风险分析模型；（2）根据金属资源非常规突发事件风险评估的特点，介绍了风险评估方法的选择及其适用性；（3）详细介绍了风险评估方法—云参数贝叶斯网络的构建过程；（4）以我国铁矿石海上通道突发事件为例，对我国金属资源非常规突发事件风险进行多准则动态评估，首先分析了总体风险评估结果，然后从压力、状态和响应三个维度详细阐述了金属资源非常规突发事件风险结果，最后设计不同类型的非常规突发事件情景进行云参数贝叶斯网络动态模拟，通过更新网络节点信息，对非常规突发事件风险进行动态评估和预判。

第六章：非常规突发事件对国家金属资源安全的影响评估。本章内容在影响机理分析的基础上，从四个方面详细介绍了非常规突发事件对国家金属资源安全影响的过程：（1）确立了非常规突发事件对国家金属资源安全影响的因果关系，构建了涵盖价格子系统、需求子系统、库存子系统、成本子系统及产能利用率子系统的系统动力学模型，并验证了模型的有效性。（2）针对非常规突发事件可能造成的金属资源供应失衡甚至供应中断等具体情景，基于系统动力学仿真模拟其动态演变过程。一方面，自然灾害、地缘政治、资源民族主义、重大矿难与环境污染等非常规突发事件致使进口国进口量大幅减少或资源生产国产量大幅减产从而导致供应量减少，直接导致供给危机；另一方面，金融与资本市场投机事件通过影响投资者的投机需求来影响产品需求，从而间接导致供给危机。针对以上两方面的分析，分别设计相应的系统动力学仿真情景，分析这两种情景下非常规突发事件导致金属资源供给危机从而造成金属资源价格剧烈波动的影响程度和传导路径。（3）针对经济新常态下金属期、现货市场联动性增强，跨市场操纵风险增大的情形，进一步讨论金融与资本市场投机事件中跨期现市场操纵这一非常规突发事件对国家金属资源安全的影响。

第七章：研究结论与政策建议。本章在总体概况和分析的基础上，对不同类型非常规突发事件对国家金属资源安全的影响机理、演化、风险评估及影响程度进行总结。在此基础上，从建立金属资源突发事件风险动态评估机制、建立有效的金属跨期现市场联动预警机制、尽快启动金属资源应急储备建设、拓展境外资源的供应渠道、加强我国金属资源突发事件应急体系建设五个方面提出了有效应对我国金属资源非常规突发事件的政策建议。最后，本章提出了关于国家金属资源安全管理中非常规突发事件影响研究中还需深入研究的几点展望。

　　本书《国家金属资源安全管理中非常规突发事件影响研究》的结构框架如图 1-1 所示。

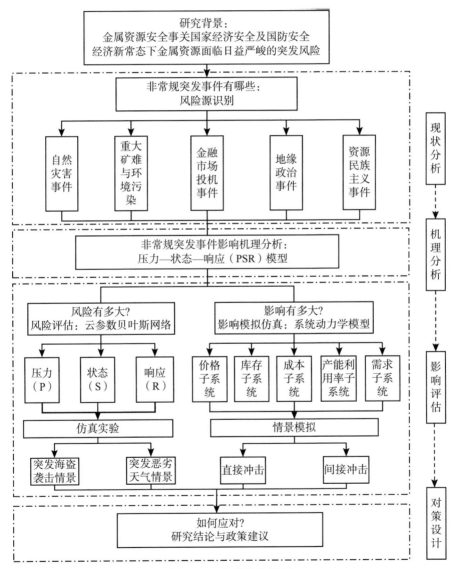

图 1-1　本书结构框架

第五节　研究方法

本书对国家金属资源安全管理中非常规突发事件影响进行研究，涉及资源经济学、系统工程、宏观经济学、计量经济学、发展经济学等多个学科的理论知识及分析方法，具有多学科交叉融合的特点，因此将综合运用多种研究方法实现研究目标。以定量分析为主结合定性分析，研究方法主要包括：

1. 理论建模与模拟仿真

非常规突发事件对国家金属资源安全的影响将采用系统动力学（SD）模型进行模拟仿真。系统动力学模型作为经济学领域标准、有效的宏观经济和政策分析工具，能够较好地模拟不同类型非常规突发事件对国家金属资源安全的影响。为此，本书以非常规突发事件对国家金属资源安全影响机理为基础，对非常规突发事件如自然灾害、地缘政治、资源民族主义、重大矿难与环境污染导致的供应失衡、供应中断情景及金融与资本市场投机行为导致的投机需求冲击情景进行系统动力学仿真模拟，探索不同类型非常规突发事件对国家金属资源安全影响程度和传导路径，最终通过 Vensim PL 软件编程实现模拟仿真。

2. 数值模拟和实验评估

非常规突发事件的风险评估将运用数值模拟和实验评估方法。在多准则评价体系的基础上，将贝叶斯网络、云模型理论和联合树推理算法应用到金属资源非常规突发事件情景推演中，根据已掌握的突发事件信息对贝叶斯网络节点进行修正，运用联合树推理算法进行推理计算，得到新的金属资源非常规突发事件综合风险隶属度，进行非常规突发事件发展态势的推演，模拟非常规突发事件发展态势的变化趋势和实现信息的累积。在此基础上，通过不断改变金属资源非常规突发事件的模拟数值和实验情景，不断修正金属资源非常规突发事件风险的等级，从而实现对突发风险的动态评估。

3. 实地调研和文献分析

目前我国针对突发事件的应急管理体系更多是针对公共危机事件的应对和处理，而对于资源领域的突发事件的应急管理，也更多针对石油等能源资源领域，形成了较为完备的能源战略储备和商业库存体系、应对资源短缺的成品油供应体系等应急措施和预案，但对于金属资源而言，相关资料和数据还难以获取。为应对我国金属资源非常规突发事件提供可行的现实基础，还需要通过对自然资源部、中国地质调查局、中国有色金属协会等政府和协会管理部门，以及中国铝业、中国五矿等矿业企业进行调研和访谈；同时，也需要通过文献和资料阅读，比较分析国外发达经济体在应对突发的资源危机事件的政策和措施，提炼其可参考借鉴之处，为构建有效应对金属资源非常规突发事件应急体系提供理论支持和实践借鉴。

第六节　主要创新点

本书从威胁国家金属资源安全的非常规突发事件现状入手，解析非常规突发事件对国家金属资源安全影响机理，动态评估我国金属资源非常突发事件风险，基于系统动力学模型深入研究了不同类型的非常规突发事件对国家金属资源安全的影响大小和传导路径，并提出有效防范非常规突发事件的政策建议。本书的主要创新点如下：

（1）构建了非常规突发事件对国家金属资源安全影响的 PSR 分析新框架，拓展和完善了国家金属资源安全理论体系。

传统的国家金属资源安全体系大多只关注常规安全，而忽视了国家金属资源安全管理中非常规突发事件影响的研究。当前，重大矿难与环境污染、自然灾害、资源民族主义、矿产企业海外社会责任事件、金融与资本市场投机行为等一系列非常规突发事件对国家金属资源安全造成重大影响。因此，有必要基于非常规安全角度，研判在更为复杂和难以预测的突发事件背景下，国家金属资源安全的演变趋势，探讨非常规突发事件对国家金属资源安全的影响机理。将非常规突发事件纳入国家金属资源安全分析框架，这是对常规安全的补充，是对国家金属资源安全体系的完善和拓展。

（2）基于压力—状态—响应分析框架构建了金属资源非常规突发事件风险分析模型，针对非常规突发事件风险评估中受到模糊性、随机性、主观性和信息不确定性的约束，将云模型与贝叶斯网络相结合，构建了适应于非常规突发事件风险评估的云参数贝叶斯网络。

从压力、状态、响应三个维度对非常规突发事件风险进行辨识，并构建了金属资源非常规突发事件风险评估体系。在风险评估方法选择上，传统的风险评估方法如层次分析法、灰色理论等评估方法大多是针对常态下的风险评估，而金属资源非常规突发事件风险评估具有系统复杂性、突发性、随机性及信息不确定性，已有的传统评估方法难以实现准确、科学、有效的风险评估。此外，非常规突发事件所涉及的发展演化情况及应急预案等，大多缺少有效的数据样本进行量化研究，只能依据文字资料定性判断，主观性较大。因此，本书将人工智能领域云模型思想与贝叶斯网络相结合，综合贝叶斯网络的推理能力和云的知识表达能力，结合两者之长，运用云参数贝叶斯网络（CPBN）方法评估我国金属资源非常规突发事件风险，为相关决策规划提供科学参考。

（3）运用系统动力学模型，从一个较新的非常规安全的视角探究不同类型非常规突发事件对国家金属资源安全的影响程度及传导路径，以期更好地应对非常规突发事件和完善国家应急体系。

非常规突发事件具有难预测和复杂性特征，其演化是典型的动态随机过程，具有高度的不确定性和动态性，其中不乏难以获取相关数据信息的情景和因素，传统的计量经济方法难以动态模拟突发情景，本书基于系统动力学仿真模型，通过设计具体的突发情景进行动态模拟仿真，评估不同突发情景下资源危机事件对国家金属资源安全的影响程度和演化路径。此外，针对多市场联动背景下的金属资源跨期现市场操纵突发事件进行了进一步讨论和分析，具有较强的现实意义。

第二章

文 献 综 述

第一节 突发事件影响研究现状

在突发事件影响方面，主要集中在对重大矿难与环境污染事件、自然灾害事件、地缘政治事件、资源民族主义事件及金融与资本市场投机事件等突发事件的研究。

一、重大矿难与环境污染事件

重大矿难与环境污染事件方面，孟勇（2010）基于贝叶斯与事件分析方法，建立了矿山死亡事故变点预测模型，探究了矿难变化的规律，研究表明产量、产权及价格等的突变会显著增大矿难事故发生的概率，通过加大媒体监管力度和深度，强化法律、法规监督效力，切实制定有效的问责机制和执行机制等都可有效降低矿难发生的概率；袁显平等（2014）运用统计分析方法，系统地分析了我国煤矿矿难的特征及演变趋势，研究表明虽然近年来矿难危害总体呈现快速下降趋势，但我国煤矿矿难爆发频次、死亡人数明显高于世界其他煤炭大国；何北军

（2004）分析了沙河矿难对河北铁矿市场的影响，研究表明由于河北铁矿石后备不足，沙河矿难对河北省铁矿石的供应产生了一定影响。此外，李异平（2006）以矿难为例，讨论了舆论对各种灾难的预警作用，指出媒介作为整个社会预警制度中非常重要的一环，具有舆论预警、反映社情民意、及时制止矿难发生的重大职责，而矿工是抵制矿难发生的潜在力量之一。

二、自然灾害事件

自然灾害事件方面，沃辛顿（Worthington，2003）分析了森林火灾、旋风、地震等自然灾难对澳大利亚股票市场价格的影响，发现自然灾难对股票市场收益具有重大影响。耿志祥和孙祁祥（2016）通过引入两类风险测度检验了自然灾害和金融危机对保险股票市场的影响与溢出效应，研究表明金融危机增加了保险股票指数的波动性，自然灾害对保险指数的冲击影响显著，且金融危机和自然灾害冲击对股市溢出效应具有非对称性和一些"异像"等特点。高云等（2013）研究了自然灾害对我国农业的影响，指出旱灾、水灾等自然灾害对我国农业发展影响较为显著，且发生自然灾害的面积在波动中呈增大趋势，具有一定的区域性。马九杰等（2005）、龙方等（2011）、杨重玉（2012）、洪名勇等（2016）也都研究了自然灾害对国家粮食产量及粮食波动的影响，发现自然灾害显著增大了粮食产量的波动。此外，关于自然灾害对社会经济的影响，张业成等（2008）的研究表明自然灾害对社会经济的影响呈现显著的时代变化与阶段差异，越随着时间的推移，自然灾害对社会经济可持续发展影响越深；李宏（2010）的研究表明我国最近30年来自然灾害对经济的影响呈不断扩大的趋势，一系列社会经济因素可以在一定程度上解释我国自然灾害损失的变化与发展。此外，还有学者分析了地震对投资者情绪和股市收益的影响，研究表明总部靠近震中的公司的股票收益明显低于远离震中公司的股票收益（Shan，2012）。

三、地缘政治事件

地缘政治事件方面，多集中于战争或恐怖袭击对资源价格、进口采购策略、资源开发、资源集聚，以及股市收益和波动的影响。张珣（2009）以两伊战争、海湾战争和伊拉克战争为例，运用事件分析法和结构断点检验研究了战争这一突发事件对原油价格的影响，研究结果表明三次战争事件均对国际原油价格产生了重大影响，且伊朗革命和伊拉克战争使得油价产生结构性断点。潘伟等（2016）基于突发事件下的CVAR 模型，分析了非重大事件、国家战争、区域战争三种不同突发事件情景下的原油进口采购策略，研究结果表明当预期中东区域出现危机时，非洲和欧洲/俄罗斯是增加采购量的理想选择地，如果迪拜市场价格波动较小，也可适当增加亚太地区的采购量。此外，战略储备只有在供给中断时才能更好地发挥作用。普勒格（Ploeg，2012）、莫雷利（Morelli，2015）分别研究了战争对资源开采和资源集聚所造成的影响。不仅如此，还有很多文献研究了"9·11"恐怖袭击事件对股市收益及波动的影响，如尼基宁（Nikkinen，2008）通过对"9·11"恐怖袭击事件后股市的收益和波动率进行研究，发现恐怖袭击事件导致各地区股市波动性显著增加，且短期内股票收益呈现显著的负收益，但之后迅速回升；也有学者研究了"9·11"恐怖袭击在主要市场上的收益和波动率的传染效应，并探讨了国际股市受到冲击的影响程度，研究结果表明恐怖袭击造成了从美国到英国和德国市场的波动性传染效应（而不是反向传染），相比之下，美国市场对日本市场具有收益传染效应［而不是波动率传染（Mun，2005）］；科利亚斯（Kollias，2011）通过对股市与恐怖袭击关系的研究，回答了市场对恐怖主义袭击的反应是否随时间而变化，是否市场规模和成熟度决定了反应的程度，以及是否反应的程度依赖于目标的类型或攻击的肇事者；汉德森（Hudson，2015）研究了"二战"（WWII）对英国股市的影响，发现尽管有证据表明战争事件对市场收益有"负面效应"，但仅有有限的证据表明战争事件和市场收益之间存在着很强的相关性。

此外，陈等（Chen et al.，2016）应用 SVAR 模型研究了石油输出国组织（OPEC）的政治风险对国家原油价格的影响，还有学者运用非参数的分位数因果关系检验分析了政治风险在预测道琼斯工业平均指数（DJIA）波动率跳跃中的作用（Gkillas et al.，2018），以及利用国际股市与外汇市场研究了政治风险对收益、波动及跳跃波动的影响（Vortelinos & Saha，2016）。

四、资源民族主义事件

资源民族主义事件方面，有研究表明，资源民族主义事件如强制性选矿、政府所有权、出口限制，以及增加税收和土地使用费等已在世界各地蔓延开来，对采矿与金属业等造成重大冲击。张建新（2014）探究了资源民族主义的全球化及其影响，研究发现当代资源民族主义呈现全球化发展态势。马也等（2014）对资源民族主义事件进行了整理，评价了资源民族主义的全球状况，从概念内涵、国家分布、具体表现形式及发展程度四个方面做了回答，并预判了全球发展趋势。戴维·R.马雷斯等（2011）分析了资源民族主义与能源安全的关系，指出国家追求资源民族主义（RN）和能源安全（ES）程度之间的平衡大大地影响着全球能源供应。

五、金融与资本市场投机事件

金融与资本市场投机事件方面，金融投机对商品期货市场的影响历来是研究的焦点，有学者通过对 100 篇相关实证研究发现进行回顾，系统全面地分析了金融投机对价格、波动率及溢出效应的影响（Haase et al.，2016）。自 2004 年以来，机构投资者开始大量涌入商品期货市场，游资和对冲基金使得大宗商品价格波动严重脱离供需基本面；有研究通过对石油期货和现货市场价格进行实证分析，发现投机因素是推动价格脱离基本面上涨的重要推力（Kaufmann & Ullman，2009）。基于带符号约束的 SVAR 模型，有部分学者研究了全球原油产量、全球实体经济、原油实际价格及原油库存量 4 个变量之间的关系，发现 2003 ~ 2008 年主要是实体经济引起了原油价格的上涨，而 2012 年则主要是投机因素影响了原油价格的上涨（Kilian & Murphy，2010；Kilian & Lee，2013）。邵等（Shao et al.，2013）运用 GARCH 模型研究了国际期铜价格波动与基金投机交易、套利交易之间的关系，研究发现国际期铜价格波动不是由投资基金引起的，基金投机交易可以使国际期铜价格波动减小。马纳拉等（Manera et al.，2012）采用多变量的 GARCH 模型研究了投机与油价的关系，结果表明了投机确实对油价波动具有显著影响，短期投机对油价波动的影响更为显著。马纳拉等（Manera et al.，2016）采用 GARCH 模型对四个能源期货市场的波动性进行了研究，发现投机对波动率有显著的负向影响，探究了金融投机对期货市场价格波动率的影响。李等（Li et al.，2015）采用拓展的时变系数法研究了金融投机对能源期货的影响，研究结果证明投机行为显著影响了 2008 年原油价格大幅上涨。此外，部分学者基于不同的计量模型研究了金融投机因素对商品市场价格的影响（Huchet et al.，2016；Andreasson et al. , 2016；Mellios et al. , 2016）。

　　国内这方面的研究主要集中在金融投机因素对国际油价、大宗商品价格和波动率的影响。在金融投机因素对国际油价的影响方面，隋颜休和郭强（2014）通过对石油期货价格进行结构断点检验，发现2004年4月至2009年2月石油期货市场存在非常明显的投机活动，长期投机因素对石油价格波动的影响程度非常显著；谭小芬等（2015）通过对2000～2015年的油价波动进行计量分析，发现除了供需基本面影响油价运行外，金融投机也是影响油价运行的重要因素；陈明华等（2014）基于动态随机一般均衡（DSGE）的视角研究了金融投机因素对国际油价波动的动态影响，发现金融投机冲击在短期内对国家油价有显著影响，而供求因素则对国家油价波动具有长期冲击效应；刘建（2013）基于SVAR模型对2003～2011年国际原油价格的变动及其影响因素的实证分析表明原油期货市场中投机因素对国际原油价格波动的影响已经超过了市场需求因素对原油价格波动的影响，且影响的持续期较长；蒋瑛（2014）的研究也发现期货市场中的投机行为对石油期货价格有显著影响。在金融投机因素对大宗商品的影响方面，韩立岩和尹力博（2012）的研究表明实体经济因素在长期是大宗商品价格上涨的主要动力，但在短期，国际投机因素造成了大宗商品期货的金融化，因此建议监管机构对大宗商品期货指数化投资中的短期投机势力进行监控；谢飞和韩立岩（2012）的研究也表明从短期来看，对冲基金等投机者的套利行为是推动价格剧烈变动的主要因素；根据张峻晓和谭小芬（2015）基于2003～2014年全样本VAR和滚动VAR模型的分析表明自2005年之后，投机因素对国际大宗商品价格的影响日益凸显并成为2006～2008年大宗商品价格上涨的重要推手；魏宏杰和刘锐金（2016）基于便利收益视角探究了投机与大宗商品价格波动的关系，发现投机因素导致天然橡胶的价格脱离基本面，短期价格对投机者的预期反应敏感。

第二节　突发事件的演化机理研究现状

突发事件演化机理指的是突发事件发生、发展、转化、蔓延、衍生、耦合所遵循的内在逻辑规律。对于突发事件机理的研究和分析可以帮助我们在突发事件应急管理中提出相应的对策。在突发事件的演化机理方面，现有研究主要基于系统动力学、突变模型、复杂网络、事故树、贝叶斯网络等对不同类型突发事件的冲击和演化进行情景分析和数值模拟。

一、基于系统动力学模型的突发事件演化机理研究

系统动力学（System Dynamic，SD）是由麻省理工学院的 Forrester 教授于 1956 年提出，起初用于解决生产管理及库存管理等系统问题，后来逐渐应用于经济、社会、资源等复杂系统的研究。系统动力学以现实存在的客观现状为前提，基于反馈控制理论，通过对现实系统各部分结构的分析，确定因果关系，运用计算机仿真技术对复杂系统的反馈回路进行动态模拟仿真，并基于已有的数据把握未来系统的变化趋势。系统动力学自诞生以来就广泛应用于一系列社会经济系统问题，随着计算机技术的发展，其在理论和应用研究两个方面都取得了显著发展。在理论研究方面，系统动力学不断加强与突变理论、控制理论和系统科学的结合，拓展与耗散结构、灵敏度分析、结构稳定性分析专家系统及优化方面的研究；在应用研究方面，系统动力学应用范围更加广泛，并取得了一系列显著的成果。

系统动力学适用于处理数据不足及对精度要求不高的复杂社会系统，而非常规突发事件对国家金属资源安全冲击的演化机理较为复杂，具有

高度的不确定性和系统性，可以借鉴系统动力学的相关理论和方法，将影响机理分析的黑箱透明化。系统动力学主要包括核心、基础和方法三个方面的内容，即以反馈机制为核心，以因果关系为基础，运用计算机系统仿真方法对复杂系统的微观结构及相互之间的逻辑因果关系进行研究。运用系统动力学模型进行系统分析时，可以通过调整模型参数及初始值，反映不同模拟情景下系统各因素之间的反馈关系、演变趋势及时停滞特征，从而实现不同突发事件情景下的动态模拟仿真。

在突发事件的研究领域，系统动力学得到越来越广泛的应用。根据系统动力学的观点，系统的"流"定义为突发事件的演化过程，系统边界定义为突发事件的影响范围，将突发事件影响的累积量设置为"流位变量"，突发事件扩散的速率或变化设置为"流率变量"。确定了系统边界，根据上述变量之间的因果反馈关系构建系统流图，进行反馈环的分析，并设置不同的仿真情景，探索并分析突发事件的影响程度和传导路径。

在突发事件研究领域，运用系统动力学方法的研究主要集中在网络舆情、供应链、水污染突发事件、企业管理等方面。在网络舆情方面，殷飞等（2018）利用系统动力学方法，从网民、媒体、政府三个维度对网络谣言热度进行研究，分析了突发事件网络谣言热度的影响因素，探索了网络谣言在网络平台的演变规律，从而为科学有效地控制网络谣言所带来的负面影响提供了对策建议。叶琼元等（2017）针对突发事件网络舆情面临的严峻监管形势，运用系统动力学建模方法，分别从网民自身因素、媒体环境因素及政府情绪引导控制因素三个方面分析了网民情绪的演化规律。王冰冰等（2015）针对在线社会网络在突发事件应急信息共享的显著优势，运用系统动力学方法，构建了在线社会网络应急信息共享系统动力学模型，利用仿真分析探索了在线社会网络的应急信息共享机制中各因素之间的相互反馈关系及演化规律，并根据仿真结果设计了应对策略，为应急管理部门开展在线社会网络应急信息共享机制提供了决策思路。张一文等（2010）针对网络舆情突发事件，运用系统动力学模型研究了其涨落的规律，分析了系统中各主体之间的相互影响关系和相关因素之间的作用力大小，从而为控制突发事件网络传播提出相应对策。袁国平和许晓兵（2015）、姜景等（2016）、高航和丁荣贵（2014）等都运用系统动力学模型研究了突发事件的网络舆情，重点对其传播演化规律进行了分析。

在供应链方面，郭宁和郭鹏（2017）通过构建"应对突发事件的闭环供应链系统动力学模型"，对由制造商、零售商和第三方回收商组成的三级闭环供应链系统进行分析，分别探讨了均匀随机市场面临三种突发事件风险强度时，收益共享契约、回购契约及组合契约的协调效果。张玉春等运用系统动力学模型对突发事件引起的需求扰动下的闭环供应链收益共享契约协调性进行仿真模拟，通过定量分析，给出了各节点企业协调应对需求扰动的最优契约策略。

在水污染突发事件方面，武佳倩等（2015）以 2005 年吉化爆炸引发哈尔滨水危机为例，基于系统动力学方法，构建了水污染突发事件模型，同时将危险化学品水污染事件的自然与社会双重属性同时引入框架，探索了应对城市供水危机的应急对策。余乐安等（2015）以五个危化品水污染突发事件为例，构建了包括网民子块、网媒子块和政府子块三个子模块的系统动力学模型，研究了危化品水污染突发事件中网络舆情的扩散演化规律，并在此基础上，探索了有效应对危机的应急策略。宋红玉（2015）以太湖蓝藻事件为例，基于 SIR 模型拓展构建了水环境突发事件下谣言传播群体行为的系统动力学模型，运用系统动力学 Vensim 软件进行模拟仿真，模拟仿真结果表明可以从系统各参数入手来预防和治理水环境突发事件下的谣言传播群体行为。李健等（2015）运用系统动力学方法对影响应急物资调运速度的主要因素进行研究，并以 2005 年吉林石化双苯厂爆炸导致的松花江水污染事件为例，以当时最紧缺物资——活性炭的调运进行仿真验证。研究表明政府对突发事件信息的反应时滞和政府应急物资调度能力在应急物资的补给过程中起到了决定性作用。余昊等（2017）运用系统动力学方法研究了三峡库区水上突发事件的应急救援效率，分析了不同要素对突发事件应急救援效率影响的变化规律，提出了提高三峡库区水上突发事件应急救援效率的相应措施。张等（Zhang et al.，2011）基于 GIS 和 SD 模型，以 2005 年 11 月在松花江水污染事故为例，仿真模拟了污染物浓度的时空变化，结果表明所构建的模型可以较好地模拟松花江水污染事故中硝基苯浓度随时间的变化，特别是峰值浓度和峰值浓度到达时间，模拟值和现场监测值彼此对应，此外，可以通过调整参数（纵向电流速度，纵向扩散系数和衰减率系数）来进行场景模拟，给决策者提供量化信息，以优化相关应急措施。魏一鸣等（2002）运用复杂性理论，对洪水灾害的时空演化规律构建了模拟仿真平台，分析了洪水灾害的时空演化规律。

在企业管理方面，王德鲁和孙建滨（2015）运用系统动力学方法，从企业应急行为和公众行为反应两个视角出发，构建了包含事件初始特征、企业应急行为适宜性、经营系统健康度和公众过激行为反应强度等在内的系统动力学模型，分析了基于行为的企业突发事件演化规律及其作用机理。李紫瑶（2016）从生产应急动员能力的构成入手，构建了相应的系统动力学模型，分析了生产企业的动员能力要素之间的演变规律，诠释了企业如何保障应急物资的超常供给，在企业生产应急机理分析的基础上提出了相应的政策建议。孙建滨（2016）针对企业产品质量频发的现状，构建了包括企业应急行为适宜性、公众过激行为反应强度及经营系统健康度等子系统的系统动力学模型，对企业产品质量突发事件演化机理及驱动因素进行分析，并基于仿真结果对风险预警等提出了管理对策。

此外，系统动力学模型还被应用于矿难、地震及群体性突发事件演化规律的研究。如有学者利用系统动力学方法研究了加拿大 Novascotia 地区 1992 年矿难的影响，并就引起矿难的原因进行了系统分析（Cooke，2003）。还有学者采用翔实文字描述及动态仿真模拟对 2005 年美国得克萨斯州炼油厂爆炸事故情景进行刻画，并使用三种不同的建模方法对结果进行预测，所有预测结果都与 2005 年 3 月 23 日所见到的危害潜力相符（Khan，2007）。李勇建等（2015）根据自行构建的地震案例库绘出了非常规突发地震的发展演化图，并在此基础上，以地震衍生的"堰塞湖事件"为例，运用系统动力学模型对"堰塞湖事件"的直链式发展演化过程进行了研究。熊国强和赵昕（2016）针对群体性突发事件，考虑耦合情绪因素，通过系统动力学建模分析不同情绪因素扰动下群体性突发事件中各参与主体的演化规律。

在金属资源领域，朱学红等（2018）从非常规安全视角，首先基于压力—状态—响应（PSR）模型分析了突发事件对国家金属资源安全影响机理，在此基础上，以铜为例，构建了突发事件对国家金属资源安全影响的系统动力学模型，探索了不同类型突发事件对国家金属资源安全的影响程度和传导路径，然后基于仿真结果提出了有针对性的政策建议。此外，还有部分学者基于系统动力学模型，对金属资源市场的供需趋势、环境与经济政策、矿业投资、运营管理等方面进行了系统分析，并取得了一系列的有价值的成果。

综上所述，系统动力学已成为分析复杂系统强有力的工具之一，在经济、社会、环境、资源、管理等领域都有着广泛的应用。鉴于系统动力学能够逻辑清晰地展示突发事件影响的复杂系统内部子系统之间的物质流、信息流及相互之间的反馈关系，并可以运用计算机仿真技术，实现复杂系统的动态演化仿真，从而分析系统内各因素的动态行为及演变规律。因此，在国家金属资源安全管理中将系统动力学模型应用到突发事件影响的研究，将会拓展并完善突发事件影响机理的研究。

二、基于突变模型的突发事件演化机理研究

基于奇点理论、结构稳定性理论等数学理论，法国数学家勒内·托姆（Rene Thom）教授于 1972 年创立了突变理论。该理论主要用于研究自然界及人类社会连续渐变过程中突然变化的现象，并运用数学模型来描述、预测并控制这些突变的一门学科，能够很好地阐述连续变化与突然变化的关系。突变理论运用势函数表示系统状态，在参数变化时，系统的状态也会随之改变，在参数经过某些特殊位置时，系统状态会发生突然的跃迁，从而给出了系统状态稳定与不稳定的参数范围。系统的状态由状态变量和控制参数决定，而势函数即表示系统在任一状态的值，用数学式（2-1）表示：

$$V = f(x, c) \tag{2-1}$$

其中，x 为系统状态变量，c 为系统控制参数，控制参数的多少决定了系统突变的复杂程度。为了将突变模型应用于高维的情况，从基本突变模型的势函数以及归一化公式出发进行高维推广，最终提出了适用于任意维数（包括 $n \leq 4$ 和 $n \geq 5$）的突变模型势函数的一般表示形式及相应的归一化公式。根据已有结论，控制参数为任意维的突变模型势函数的一般表示形式为式（2-2）：

$$f_n(x) = \frac{1}{n+2}x^{n+2} + \frac{1}{n}c_1 x^n + \frac{1}{n-1}c_2 x^{n-1} + \frac{1}{n-2}c_3 x^{n-2} + \cdots + c_n x \tag{2-2}$$

其中，n 是正整数，x 为状态变量，c_n 为 n 维的控制参数。相应的归一化公式为式（2-3）：

$$x_1 = c_1^{\frac{1}{2}}, \ x_2 = c_2^{\frac{1}{3}}, \ \cdots, \ x_n = c_n^{\frac{1}{n+1}} \tag{2-3}$$

当系统控制参数的个数大于 5 个时，突变模型可以呈现无数多种类型。因此，在运用突变理论构建系统的势函数和动力学方程时，尽可能地减少状态变量和参数的个数，这样可以极大地简化数学运算和分析过程，甚至使不可解问题变为可解。状态变量和控制参数的选择要做到既要客观、全面，又要抓住主导因素；既要呈现本质特征的全部信息，又要压缩全部非本质特征的信息。

突发事件演化研究中应用最多的突变类型是尖点突变，即有 2 个制参数和 1 个状态参数。这也是一种最简单和最常见的突变结构，可以通过做出平衡曲面直观地呈现多种基本特征。其势函数表达式为式（2 - 4）：

$$V(x) = x^4 + ux^2 + vx \qquad (2-4)$$

其中，x 为状态变量，u，v 为控制参数。

突发事件具有突发性，符合突变理论研究中突然跃迁的特点，因此可以将突变理论应用于突发事件演化机理的分析。针对不同突发事件的特点，许多学者利用各种突变模型来研究其演化机理，如针对瓦斯爆炸、水灾、火灾、地质灾害及航运事故等突发事件的研究，其应用领域也相对较为广泛，并取得了显著的成果。如学者运用突变模型研究高速公路的事故情况，并与其他模型进行对比，检测结果表明突变模型优于其他模型，与实际情况拟合得更好（Bhagwant et al. , 1989）。基于尖点突变模型，学者们对突发事件的演化机理、产生的原因等进行分析，并取得了一系列成果。如李润求等（2008）构建了煤矿瓦斯爆炸事故突发事件演化的尖点突变模型，杨景标和马晓茜（2003）建立了森林火灾蔓延的尖点突变模型，朱正威等（2011）建立了社会安全事件的尖点突变模型，分别对煤矿瓦斯爆炸事故、火灾蔓延、社会安全事件的演化机理进行了描述和分析。谌楠等（2012）运用尖点突变模型研究非常规突发事件的网络舆情传播规律，通过构建舆情指数评价体系，采用突变模型多准则评价方法分析了三类非常规突发事件，研究结果表明突变理论可以较好地描述非常规突发事件下网络舆情状态的变化。此外，还有部分学者将突变理论应用于突发事件的安全评价或风险评价。如陈秋玲等（2010）基于突变理论，从突发事件视角出发，基于社会安全、生产安全、公共卫生安全和生态环境安全四个层面以上海市为例评估了城市安全状况。朱乐群等（2016）基于高维突变模型，针对海上通道突发事件的复杂性，构建了海上通道安全预警模型，对海上通道安全进行了评估，从而为提高海上预警能力与应急管理能力提供理论基础和技术借鉴。杨雪美等（2017）基于突变理论模型，通过构建我国突发食品安全风险评价指标体系，评价了供应链视角下突发食品安全事件风险，为制定突发食品安全事件应急管理提供技术支持和理论借鉴。谷艳昌和王士军（2009）首先分析了水库大坝结构失稳突发事件的突变特征，然后基于突变理论，给出了水库大坝结构失稳突发事件预警阈值的找寻方法。

三、基于复杂网络的突发事件演化机理研究

复杂网络（Complex Network）应用了数学中的图论的概念，可以描述复杂系统中相互关联的拓扑结构，分析复杂系统的性质和功能。由规则网络、随机网络基础上发展而来，呈现高度的复杂性。钱学森对复杂网络的定义为：具有自组织、自吸引、小世界、无标度中部分或全部性质的网络称为复杂网络。在真实世界中，很多复杂系统的研究可以将其抽象为复杂网络，并应用复杂网络的理论对这些真实系统进行研究，如生物网络、社会网络、交通网络、经济贸易网络等，复杂网络近年来逐渐成为国内外研究的热点和趋势。对复杂网络的研究主要包括网络的结构特征、形成机制、演变规律及网络结构的稳定性等问题。此外，国内外大量学者的研究表明复杂网络方法可以有效分析复杂系统在短时间内

的演变规律，因此适合应用于分析突发事件的演变规律。

在突发事件演化领域，利用复杂网络的研究主要集中在网络舆情、供应链、信息传播及疾病传播等方面。在突发事件网络舆情方面，曹学艳等（2014）对网络论坛视角下突发事件舆情传播过程中影响力大的关键节点进行了识别，提出了网络舆情节点识别与分类的方法，并以"7·23 动车事故"为例研究了其网络舆情结构的复杂性、子社区结构等特征，从而得到了关键节点的演化规律，对突发事件网络舆情应对具有借鉴和参考价值。田依林（2013）以"北京 7·21 暴雨"突发事件为例，运用复杂网络分析方法，对主流网络媒体瞬时传播网络空间拓扑结构及属性进行了研究。张一和郭师玮（2016）、吴鹏等（2016）运用复杂网络对突发公共事件网络舆情的传播及控制进行研究，揭示了网络舆情演变的内在动因及演化规律。

在供应链突发风险方面，王世雄等（2010）通过建立突发事件下复杂自适应供应网络的脆弱性评价模型，对当前供应链突发风险进行了研究，该研究为企业改善供应链系统性能提供了最佳途径。张广胜和刘伟（2016）基于复杂网络理论从供需结构复杂性、突发事件风险情景、无标度性及级联故障等方面研究了物流服务供应链网络脆弱性机理，并提出了有效防范物流服务供应链网络脆弱性的方法。

在突发事件信息传播方面，顾永东（2015）基于复杂网络分析方法构建了突发事件信息传播网络模型，进一步对其进行计算机动态仿真深入研究了突发事件信息人际传播的性质和规律。刘樑等（2014）基于复杂网络模型对非常规突发事件在线信息的传播演化规律进行了研究，考虑衍生信息对原生信息的影响构建了突发事件关键在线信息挖掘模型，为有效应对非常规突发事件提供了借鉴与技术指导。

卞曰瑭等（2011）运用复杂网络方法，通过构建非常规突发事件传播演化网络模型，分析了非常规突发事件传播网络的结构特征及演化规律，模型仿真结果表明非常规突发事件传播网络具有无标度网络幂律分布特征。朱正威（2012）等基于复杂网络理论分析了突发公共安全事件网络演化扩散的特征和共性，并进一步构建了系统动力学模型探索不同网络结构和影响因素下的突发事件扩散机理。

在疾病传播方面，学者基于耦合动力系统网络模拟证明了小世界网络能加快疾病的传播进程（Watts & Strogatz, 1998）。靳松和庄亚明（2013）对 H7N9 突发事件的信息传播构建复杂网络，运用复杂网络分析方法分析了信息传播网络的基本特性及内部簇结构特性，对有效控制网络舆情的扩散具有重要意义。张斐等（2017）对网络上具有一般直接免疫的 SIRS 传染病模型进行了分析，确定了传染病的流行阈值等。

四、基于事故树的突发事件演化机理研究

事故树分析（Fault Tree Analysis，FTA）是一种表示导致事故的各种原因之间的因果及逻辑关系的树形图，其应用广泛，现已成为分析系统安全的一种分析方法。该方法以灾害事故为分析对象，通过深入分析导致灾害事故的原因，根据先后次序及因果关系绘制树形结构，对事故树进行数理逻辑分析，通过对最小割集或最小径集的找寻对引起事故的原因按重要性进行依次排序，分析主要原因，从而提出更具有针对性和可操作性的应对措施。事故树分析法具有直观形象，逻辑性强，既能找寻直接原因又能揭示潜在原因，既可定性又可定量分析等优点。因而具有较高的应用价值。

突发事件的研究也可以基于事故树理论，通过分析引发突发事件中各种因素，根据因果关系及突发事件演化发展的先后次序绘制树形图，从而找寻导致突发事件发生的主要因素，采取相应的有效措施积极应对。许多学者将事故树理论应用于突发事件的研究，如李新春和刘全龙

（2014）根据煤矿瓦斯爆炸事故危险源的分类，构建了煤矿瓦斯爆炸事故人、机器设备（物）、环境、管理四类危险源的风险度量模型，运用事故树分析方法，对导致煤矿瓦斯爆炸事故的风险源进行排序，从而为有效控制煤矿事故危险源提供依据。许金华等（2012）针对高含硫、高压、高产的"三高"气田的钻完井事故风险建立了事故树，基于事故树仿真方法和贝叶斯修正方法给出了三高气田钻完井事故风险概率评估方法，该研究弥补了因经验判断、样本数据有限等带来的不确定性，为三高气田事故风险评价提供了依据。佘廉等（2011）采用事故树分析方法研究了诱发三峡库区水污染重大公共安全事件的原因，并构建了相应的预警模型，定量评估了重大水污染公共安全事件的危害程度，为水污染重大公共安全事件应急提供了科学依据。

五、基于其他模型的突发事件演化机理研究

除了系统动力学模型、突变模型、复杂网络、事故树，还有许多模型应用于突发事件演化的研究。如李纲和李阳（2015）等应用熵理论研究城市突发事件，通过构建基于情报视角的城市突发事件应急模型，探索其演化规律等。张义庭和谢威（2012）针对网络舆情演化的基本特征，运用熵理论，通过构建高校突发事件网络舆情五力模型分析高校网络舆情系统内五种力量的相互作用关系及其在舆情演化过程中对熵值变化是如何影响的。陈晨等（2015）运用熵和耗散结构研究了突发事件的演化规律，以2013年某输油管道泄漏事故为例进行分析，分析结果与实际过程吻合性较好，从而为有效应对突发事件应急提供了有益参考。陈伟珂和向兰兰（2007）基于熵理论和耗散结构理论对公共安全突发事件的演化机理进行分析，为使系统的熵最小化、使系统恢复至平衡状态提供了思路借鉴。姜金贵等（2015）运用扎根理论研究了群体性突发事件

的诱因，揭示了基于"公平性"的群体性突发事件的发生机理，为有效防范群体性突发事件提供了政策建议。程铁军等（2014）运用累积前景理论提出了区间多属性应急风险决策模型，对不完全信息下的突发事件应急风险进行评估，最后验证了该方法的可行性和有效性。王亮等（2015）针对具有动态性和信息不确定性特征的突发事件运用前景理论提出了应急方案动态调整的方法，并通过案例分析验证了其可行性与有效性。王长峰和满颖（2013）基于动态博弈理论对重大工程应急管理决策进行研究，通过构建系统内部网络组织实体动态博弈模型，为提高应急管理水平提供了参考依据。

运用贝叶斯理论研究突发事件的演化机理方面，裘江南等（2012）以贝叶斯网络模型的建模方法为基础提出了具有关联关系的单一事件贝叶斯网络的合并方法并以台风—暴雨—洪水事件链为例验证了该方法的可行性和有效性。袁晓芳等（2011）首先基于PSR模型构建非常规突发事件的压力—状态—响应网络表达方式，然后利用贝叶斯网络理论，构建非常规突发事件的情景分析模型，最后以大连输油管道爆炸事件为例探索该突发事件的演变规律。裘江南等（2011）运用贝叶斯网络模型的构建方法探究了突发事件的演变规律并对突发事件进行预测，最后以台风事例具体说明了该方法的可行性和有效性。柯赟（2016）、吴倩等（2016）基于动态贝叶斯网络分别对突发事件的网络舆情和民航突发事件的情景演化规律进行研究。

此外，还有部分学者将两种或多种模型相结合对突发事件的演化机理进行分析和解释。如许传华等（2004）应用熵及突变理论分析了岩石的非线性稳定问题，揭示了岩体失稳过程及破坏机理，构建了符合实际情景的岩体破坏的分析方法。李红霞等（2011）结合熵和耗散结构理论研究了非常规突发事件管理过程中的熵态变化规律，将增熵因子、负熵因子和系统承载能力作为系统的控制变量，构建了由这三者共同作用组成的系统动力学模型和扇状模型。该研究有助于理解非常规突发事件从发生到发展再到演化的整个危机过程，从而采取相应的应对措施对突发事件进行有效防控。针对岩石爆裂情况，学者运用突变理论与 BP 神经网络，构建了岩石爆裂预测模型，研究发现该模型的预测精度较高，从而验证了模型的可行性与有效性（Xu Y & Xu D,
2010）。仲秋雁等（2015）将知识元模型和系统动力学模型相结合，并以传染病突发事件为例说明该仿真方法的应用价值。李健行等（2014）将知识元和动态贝叶斯网络相结合，探索了非常规突发灾害事故情景演变规律并以大连"7·16"中石油储运公司油库火灾为例对推演结果进行分析。

第三节　突发事件风险评估研究现状

一、突发事件风险评估方法的应用

早期对突发事件风险的评估主要基于风险期望值、风险—概率矩阵和 Borda 序值法。随着以概率论为基础的数值方法和算法的发展，层次分析法、模糊数学、贝叶斯网络，以及知识元等方法和理论逐渐被用于突发事件风险评估。如针对在多属性决策分析（MADA）中经常遇到的处理不确定性的信息，部分学者在证据推理方法和人造智能中的 Dempster – Shafer 理论基础上运用模糊证据推理方法分析了突发事件的风险（Yang，1997，2002，2006；Wang，2006）。姜江等（2013）针对系统风险分析与评价中面临的模糊不确定风险信息及风险因素信息融合问题，运用模糊证据推理技术，对某航天发射场火箭推进剂加注系统风险进行了具体分析。江田汉等（2010）采用秩和比法，建立突发事件固有风险指标框架，定量评估了全国 31 个省市区的突发事件相对风险水平，并将全国按风险值排序分档，将全国分为高风险、较高风险、一般风险和低风险水平四类地区。针对评估过程中的不确定性信息难以量化处理的问题，徐娟和章德宾（2012）运用贝叶斯网络算法，通过构建生鲜农产品供应链突发事件贝叶斯网络模型，对突发事件的主要状态和损失后果进行预测评估，为生鲜农产品供应链突发事件风险评估提供了一种新的思路。刘洋等（2013）创新性地提出了一种突发事件应急响应的多属性风险决策方法，并通过一个算例说明了该方法的可行性和有效性。张玉亮（2016）基于 UML 方法，构建突发事件网络舆情信息流风险评价指标体系，实现了评价指标体系中各指标因子的属性和行为的定量描述和操作。基于层次分析法，韩丽等（2009）、蒋宇等（2016）分别对北京城市供水突发事件和突发事件首发信息的未来舆情风险进行定量评估。

二、突发事件风险评估方法的集成应用

由于突发事件具有复杂性、突发性，其相关数据也难获取、难量化，近年来学者们逐渐通过不同方法的集成应用，以期更加准确地评估风险。如有学者将贝叶斯故障更新机制与后果评估相结合，提出了一种新的动态风险评估方法，并应用该方法评估了美国得克萨斯州炼油厂爆炸事故的风险，并验证了该方法的有效性（Kalantarnia et al.，2010）。尚鸿雁（2009）运用模糊数学理论、层次分析法和集成理论等方法，对危险货物运输突发事件（HMTE）的机理和风险评估方法进行了多角度的研究和论证。季学伟（2009）以地震引发蒸汽云爆炸和火灾的事件链为研究对象，基于概率函数、层次分析和综合评判等方法计算事件间的触发概

率，采用复合事件概率分析、事件后果评估模型等分析事件链场景的概率，运用演化动力学等风险评估方法定量评估了事件链场景的风险，结果验证了该方法在突发事件链定量风险分析中的可行性。董艳等（2010）运用问卷调查法、专家评估法及事件树分析法等识别风险，在此基础上运用风险矩阵法量化风险等级，进一步基于 Borda 排序法对风险等级进行排序，并以北京市某城区为例对突发事件进行风险评估。张一文等（2012）基于案例分析与模型构建方法研究了引致因素耦合程度与非常规突发事件影响力之间的关系。卢小丽和于海峰（2014）综合知识元模型、投影寻踪方法和信息扩散理论，提出了一种基于知识元的突发事件风险分析模型。郭旦怀（2015）分别对哨点医院监测数据、食品检测数据和来自互联网的数据建立事件探测模型，引入人口、交通、食品生产等大数据通过采用模型综合集成的方式对食源性疾病突发事件进行风险评估。王振兴（2013）以风险耦合和突变理论为基础，结合故障树分析法、事件树分析法与决策模型等方法，对流域水环境风险进行建模预测，构建了流域水环境风险预测预报与决策系统，应用于龙江河流域水环境突发事件风险预报，使得 24h 预测值平均误差小于 5%，为流域水环境风险控制提供了技术支持。梁兵兵等（2016）通过对环境保护部出台的两种环境风险等级评估方法原理、评估程序、评估重点、指标设置、分级原则的比较，并结合案例，进一步分析了两套评估方法对企业日常环境风险分级管理的作用，指出两套评估方法虽然方法原理和评估目的一致，但因指标侧重不同，导致评估结果有一定的差异，并据此提出了将两套方法融合后开展日常环境风险评估的建议。陈旭（2016）应用系统安全理论、层次分析法、物元分析法及案例分析法，对邮轮港的突发事件风险因素进行了风险识别、风险评估、风险预警和风险防控的研究工作。

第四节 国家金属资源安全研究现状

一、国家金属资源安全内涵研究

目前对国家金属资源安全内涵的研究主要是基于资源安全或矿产资源安全的定义展开。谷树忠等（2002）对资源安全的定义为"一个国家或地区能够持续、稳定、及时、足量和经济地获取所需自然资源的状态或能力"。汪云甲（2003）指出矿产资源安全主要包括供应的稳定性和开发利用上的安全性两个方面。部分学者从金属资源的可持续供应角度定义金属资源安全。中南大学金属资源战略研究院的研究表明国家金属资源安全包括供给安全、经济安全和生态安全三个维度，是指一方面能够持续稳定地提供满足国家经济发展和产业转型升级所需的金属资源供应，另一方面金属资源的开发和利用不以牺牲生态环境可持续发展为代价。"两种资源、两个市场"的资源战略导致我国金属资源定价权缺失，由于金属价格的快速上涨使得国家利益损失严重，因此金属资源的市场价格安全问题成为资源安全的研究热点。王正明和张许静（2012）、王明喜（2012）、钟等（Zhong et al.，2013）、钟美瑞等（2015）、黄健柏等（2013）、王高尚（2010）、邵等（2013）、朱学红等（2013，2015，2017，2018）学者在分析我国金属资源定价机制的基础上，研究了各个因素对金属价格波动的冲击影响，并对我国金属价格波动的周期性特征及波动规律进行了总结。

二、国家金属资源安全影响因素研究

金属资源安全受经济、资源禀赋、技术、地缘政治、交通运输、生态六个方面因素的影响。经济因素方面，陈其慎等（2015）提出了矿产资源消费峰期的"雁行式"演进序列，随着智能电子、高端制造等战略性新兴行业的高速发展，与之对应的锂、铍、铌、钽等资源的需求将逐步扩大。李鹏飞等（2014，2015）、陈建宏等（2009）也指出，随着工业化进入中后期，信息技术等战略性新兴产业进入快速发展期，稀有金属的需求将快速上升。此外，金属资源具有很强的金融属性，金融市场对金属资源安全有重大影响。钟美瑞等（2016）、朱学红等（2016a，2016b）、张金清和刘庆富（2006）、华仁海和仲伟俊（2002）的研究表明金融因素对金属价格的冲击作用越来越明显。资源禀赋因素是一个国家或地区保障资源供应安全的基础，资源的数量、质量、种类等都会影响到金属资源的安全水平。陆挺等（2015）从产业链的角度分析发现，虽然我国锗、铟、镓储量丰富，但没有充分利用，以初级产业为主；梁靓等（2017）则通过贸易数据的分析，发现铌、钽、锂、锆等稀有金属对外依存度居高不下，且进口来源集中，不利于我国的供应安全。技术因素是影响未来原材料经济重要性的最有力的因素之一。一方面，部分学者通过研究发现技术进步可以在金属供应缺口不断扩大时通过提高金属的利用效率、回收效率、替代率等方式降低供应风险（Sohn，2005；Habib & Wenzel，2014）；另一方面，技术进步会对金属产生新的需求，比如2010年欧盟委员会指出薄层光伏、WLED 等技术的发展会对锑、钴、钽等稀有金属产生大量需求。地缘政治因素包括资源国的国内政治稳定和与资源国的政治外交关系稳定两个维度。鉴于地缘政治风险可能是动态变化的，有学者测算了 1996~2014 年 52 种金属的地缘政治风险，发现对金属地缘政治起决定性作用的不是现有的金属产量而是现有探明的金属资源储量（Habib et al.，2016）。还有学者将地缘政治供应风险引入生命周期可持续评估框架，发现稀土、锑、铍等稀有金属将面临较高的地缘政治供应风险（Gemechu et al.，2016）。交通运输因素从运输的方式、手段、通道等方面对金属资源的供应安全产生影响。李颖等（2015）测算了中国的矿产资源通道依存度，结果显示南海通道、太平洋航线和陆上通道分别占比68.1%、19.2%和12.6%。通过运输因素引起的金属资源流动重塑了金属资源地缘政治格局，对金属资源安全有着重要影响。生态环境因素方面，姚予龙和谷树忠（2002）强调在保障几代人资源获取安全的同时，也要使自然资源和生态环境免遭不可恢复的破坏。为此，不断有学者提出在我国稀有金属的开发利用过程中保护生态环境的建议，比如李鹏飞等（2014）主张将金属资源开采加工过程中环境成本内部化，戴茂华（2013）建议建立健全我国稀有金属矿产资源开发的生态补偿机制和政策。

三、国家金属资源安全评估研究

国家金属资源安全评估方法主要有三种。第一种是以层次分析法为核心，基于影响因素，构建多层指标评估体系，计算资源安全指数，从而得出金属资源是否安全的结论。在大宗金属安全评估方面，董桂才（2008）对我国铁、铜、锰三种金属的进口集中度进行了评估，刘璇等（2015）在预测铬未来需求趋势的基础上，计算了2000年、2005年、2010年、2013年、2020年和2030年的铬资源供应安全指数；在稀有金属评估方面，李鹏飞等（2015）测算了22种稀有矿产资源的供应风险，结果发现钨的供应风险最高，铯最低。此外，李颖等（2015）以价值量为核算单位，计算了资源综合对外依存度，对我国整体矿产资源安全状况进行判断。第二种是对金属进行关键性评估。美国国家科学研究委员会（NRC，2008）从供应风险和脆弱性两个维度筛选出了对美国至关重要的 11 种金属材料。欧盟委员会在此基础上进一步引入环境影响维度进行评估。关键性评估在学术界也得到了广泛认可，格雷德尔等（Graedel et al.，2012，2015a，2015b）发表了一系列运用供应风险、环境影响、脆弱性对原材料关键性进行评估的文章，此后部分学者也陆续利用该方法对铁、铜、铝等大宗金属及锂、镍、稀土等稀有金属进行了评估（Ciacci et al.，2016；Panousi et al.，2016；Harper et al.，2015a，2015b）。就国内而言，李鹏飞等（2014）利用这三个维度评估了 22 种稀有矿产资源的相对关键性。随着关键性评估方法的不断成熟，部分学者引入了经济重要性维度（陈其慎等，2015；Glöser – Chahoud et al.，2016），欧盟委员会（EC，2017）也将经济重要性作为评估关键性的主要维度之一。为了考虑上下游市场的联动性，有学者创新性地提出了国际原材料转换维度，并对 2009 ~ 2014 年的锂资源关键性进行了动态评估（Daw，2017）。但是，评估方法的不同带来的评估结果差异依然没有得到有效解决。第三种是运用赫芬达尔 – 赫希曼指数（Herfindahl – Hirschman Index，HHI）和香农 – 维纳指数（Shannon – Wiener Index，SWI）衡量市场集中度。此外，运用 HHI 指数，学者们测算了 2004 ~ 2005 年铜的风险程度（Rosenau – Tornow et al.，2009）及 52 种金属的地缘政治风险程度（Habib et al.，2016）。

第五节　文献评述

从现有文献来看，国内外学者对于突发事件的影响、突发事件的演化机理、突发事件风险的评估及国家金属资源安全等已经有了一定的研究基础和成果，但现有研究仍存在以下不足：

（1）现有研究大多基于传统的国家金属资源安全视角，偏重金属矿种安全态势的评价方法研究，对于非常规安全视角下地缘政治、自然灾害、资源民族主义、重大矿难与环境污染，以及金融与资本市场投机行为等突发外部因素对国家金属资源安全影响的作用机理与演化路径鲜有研究，而非常规突发事件影响的机理及演化路径的分析对于更好地应对突发风险具有重要参考价值。

目前对金属资源安全的多数研究侧重于常规安全的研究视角，主要揭示国家金属资源安全发展的长期规律，而面对经济新常态的新形势、新特点、新问题，有必要将国家金属资源安全置于更为复杂和难以预测的突发事件背景下，探索由于地缘政治、资源民族主义、自然灾害、重大矿难与环境污染，以及金融与资本市场投机行为等非常规突发事件对国家金属资源安全的影响机理和演变趋势，在以往常规安全体系下纳入非常规安全构建国家金属资源安全机理分析的新框架，解析非常规突发事件对国家金属资源安全的影响机制，回答我国金属资源当前面临哪些非常规突发事件，其风险程度如何，对国家金属资源安全的影响程度到底有多大，这是对国家金属资源常规安全的补充，也是国家金属资源安全体系的拓展和完善。

（2）现有文献研究突发事件影响的方法过于简单且存在一定的偏颇，即使是基于仿真模拟的方法也大多面向常态下的决策问题，对于非常规突发事件这一突发性的短期外部冲击的影响模拟仿真较少，且由于非常规突发事件的复杂性及不同类型突发事件的不同特征，非常规突发事件仿真模拟的准确性和可靠性有待提高。

非常规突发事件具有难预测和复杂性特征，其演化是典型的动态随机过程，具有高度的不确定性和动态性，其中不乏难以获取相关数据信息的情景和因素，传统的计量经济方法难以动态模拟突发情景；现有的研究更多地局限于统计描述，并没有深入考察非常规突发事件的影响机理，并且尚未对不同类型的非常规突发风险进行有效的评估和预测；也有一些成果试图运用较为复杂的计量方法或系统仿真方法进行研究，但基本上都只对单一突发事件情景进行仿真模拟，未能全面考虑不同类型非常规突发事件对国家金属资源安全影响的不同机理和演化路径，因而不能针对不同类型的非常规突发事件提出相应的应对措施，更好地保障国家金属资源安全。

（3）现有对突发事件影响的研究主要集中在石油、粮食为主的资源科学领域内，专门针对金属资源市场的研究较少，而金属资源是全球重要的工业原材料和战略资源，是重要的大宗商品组别，其价格波动牵动着经济的方方面面，在国际市场上亦占有举足轻重的地位，且金属与石油、粮食等大宗商品具有相异的属性，此外，不同金属种类之间也有不同的属性，因此对金属资源领域的非常规突发事件展开研究十分必要。

从现有文献看，除少数文献研究突发事件对铁矿石等金属资源的影响外，大多数非常规突发事件影响的研究集中在原油和粮食市场，对于铜铝等紧缺基本金属及稀土、钨等中国优势小金属的研究不足；且关于非常规突发事件对铁矿石等金属资源的影响也仅仅停留在表面化的现象描述，关于非常规突发事件对国家金属资源安全影响的内在机理、传导机制等都缺乏一个完整的理论分析框架；不同类型的非常规突发事件的传导机制及影响程度不同，且对不同种类金属之间的影响也必然不同，因此有必要针对地缘政治、资源民族主义、自然灾害、重大矿难与环境污染以及金融与资本市场投机行为等不同类型的非常规突发事件所导致的资源"买不到、运不进、成本高"的资源危机事件分别进行研究或对有相同作用机理的突发事件进行归类，更好地评估非常规突发事件的风险和探索非常规突发事件对国家金属资源的影响机理，从而为更好地应对非常规突发事件提供对策和建议。

第三章

金属资源非常规突发事件现状分析

第一节 金属资源非常规突发事件的界定

研究非常规突发事件对国家金属资源安全影响，需要首先对金属资源非常规突发事件有个清晰的界定。关于"突发事件"的定义，国内外有不同的表述方式，但大多与危机有关。国际上对于"突发事件"的定义比较有代表性的主要来自欧洲、美国及英国。如欧洲人权法院将"公共紧急状态（Public Emergency）"定义为一种严重影响整个社会正常秩序的、迫在眉睫的危机。在美国，突发事件被解释为紧急事件，指凡是威胁国家安全、影响社会正常秩序，对公民的财产、生命安全等造成严重后果并且需要立即处置的事件。在英国，对突发事件的定义则是指严重损害本国的公众福祉、生态环境或安全的危险事件或状况。

在国内，"突发事件"一词则是约定俗成的词语，没有对应的外来语。对其狭义的理解是一定区域或范围内突然发生的严重影响正常社会秩序、严重威胁人民生命和财产安全的重大事件或灾难。对其广义的理解是个人或组织意料之外突然发生的对其利益产生负面影响或具有潜在危害性的一切危机事件。与突发事件相关的概念有风险事件、危机事件、灾难以及紧急事件等，这些概念之间既有联系又有区别。将这些相似的概念进行辨析和对比，有利于更深刻地理解突发事件。

风险事件更多地强调其潜在威胁性，是指可能会导致不确定性损失的危险事件。这种威胁正处于酝酿过程之中，而且可能会产生某种危害或灾难的征兆。风险事件和突发事件都具有不确定性，但风险事件还包含一些已知和可预测的因素，可以基于一定的数学方法进行量化，因此更多地强调事件发生前的可预测性和可量化性。而突发事件强调的是当前已经发生并且已经给人类社会造成重大损失的紧急事件。风险事件强调事物量变过程中的损失，而突发事件强调事物质变过程的结果。当风险事件的量变累积到一定程度导致质变时，就会随时导致突发事件的发生。即风险事件和突发事件是事物发展的两个阶段，当风险的预期导致事实损害，风险事件就会转化为突发事件。

危机事件是指对社会系统的基本结构或价值规范造成一系列威胁的事件，该事件具有高度的不确定性，能够引起压迫性后果，带来潜在的负面影响。危机事件和突发事件两者有很多共性，但也有区别。如危机事件一般来说是人为造成的，已经或即将置很多人于不利的境地；而突发事件既可以是人为因素造成的，也可以是自然因素造成的。此外，危机事件产生的负面影响一般来说既可以是显性、现实的，也可以是隐性、潜在的，有时甚至一时无法感知到；而突发事件造成的负面影响一般是显性、现实的。突发事件强调突发性、即时性，而危机事件则强调即将发生的、具有压迫性后果的事件，主要强调其负面影响和后果。两者之间的联系可以这样来描述：突发事件引发了危机，是危机事件的先兆和前奏。突发事件本身可以说是危机事件的一部分，若对突发事件处置不当，突发事件很可能会演变为危机事件。

灾难是指不可预测的意外事件造成的严重的不幸后果。灾难强调其后果的悲惨性，而突发事件强调其发生的突然性，具有时间上的紧迫性。两者相比，突发事件有更宽广的外延，除了强调突发性外，还包括事件发生的原因和类型的多样化，其发生的领域也更加宽广。而灾难的内涵相对来说则比较狭窄，对人类来说更多的是被动地接受。

紧急事件是指突然发生的需要相应主体立即采取措施有效控制的危害性事件，具有不可预见性和不确定性。紧急事件强调响应主体应对事件时反应时间的紧迫性。突发事件和紧急事件在概念上最为相近，其本质也基本上相同。但紧急事件的外延更广，因为突发事件一般指需要立即采取应对措施防止损失进一步扩大，而紧急事件只是说在处置上时间紧迫，但不一定造成严重损失，也不一定是负面事件，只有当处置不利时才会造成损失。因此，突发事件属于紧急事件，但紧急事件不一定都是突发事件。

风险事件、危机事件、灾难及紧急事件分别从不同角度对突发事件的内涵进行了概括。根据以上相近概念的对比分析，发现突发事件的内涵包括以下三个方面：一是突发性，即事件发生、发展的速度非常快，出人意料。二是危害性，即事件造成严重的社会危害。三是应对性，即相应主体必须立即采取措施积极应对。

《中华人民共和国突发事件应对法》于 2007 年 11 月 1 日正式实施，将突发事件定义为"突然发生，造成或者可能造成严重社会危害，需要采取应急处置措施予以应对的自然灾害、事故灾难、公共卫生事件和社会安全事件"。

对于非常规突发事件，当前学界尚无统一的定义，相近的提法有"非常状态（公共紧急状态）""非常规危机"及"极端事件"等。相比常规突发事件，非常规突发事件有其典型的"非常规性"，其特征和演化机理也较常规突发事件更为复杂和特殊。国家自然科学基金委响应国家应急管理的重大战略需求，启动了"非常规突发事件应急管理研究"

的重大研究计划，并首次将非常规突发事件定义为"前兆不充分、具有明显的复杂性特征和潜在的次生衍生危害，而且破坏性严重，采用常规管理方式难以有效应对的突发事件"。虽然后来国内不同学者根据研究领域的不同对"非常规突发事件"的定义有不同的表达，如韩智勇将"非常规突发事件"定义为"前兆不充分，具有明显的复杂性特征和潜在次生衍生危害，破坏性严重，采用常规管理方式难以应对处置的突发事件"；王宁和仲秋雁（2016）将非常规突发事件定义为"一种前兆不充分，难以预测并且演变非常复杂，以及破坏性非常严重的突发事件，其具有罕见性、不可预测性、衍生性、连锁动态性、后果严重性等特征"。但是国家自然科学基金委对"非常规突发事件"的定义受到学术界的普遍认可。

基于前人的研究成果，结合本书的研究对象——金属资源，给出金属资源非常规突发事件的定义：前兆缺失，演化机理复杂、难以预测，对国家金属资源安全造成严重影响，且采用常规管理方式难以应对的突发事件。可见金属资源非常规突发事件的定义与国家自然科学基金委对"非常规突发事件"的定义并未发生本质上的改变，只是在对象界定上特指威胁国家金属资源安全的非常规突发事件。根据中南大学金属资源战略研究院最新研究成果中对国家金属资源安全界定中包含的三个维度——供给安全、经济安全和生态安全，可见金属资源非常规突发事件具体是指造成金属资源重大供给障碍、价格剧烈波动、对国家经济造成巨大损失及生态破坏的非常规突发事件。非常规突发事件包含的种类、范围过广，全盘考虑的难度较大，而有选择性和针对性地选择金属资源非常规突发事件进行细化研究，可以更好地应对和防范金属资源领域的非常规突发事件。

第二节 金属资源非常规突发事件的梳理

本节通过对历史上已发生的金属资源非常规突发事件进行梳理，围绕这些典型的非常规突发事件对类型、特征及演化机理进行分析和总结，试图归纳一般化的结论，为后续非常规突发事件对国家金属资源安全的影响机理分析、风险评估及影响评估奠定基础。

鉴于历史上已发生的金属资源非常规突发事件案例众多，不可能一一罗列与分析，因此本书主要就重大矿难与环境污染事件、自然灾害事件、地缘政治事件、资源民族主义事件、金融与资本市场投机行为五个方面梳理威胁国家金属资源安全的典型非常规突发事件案例。对典型案例的选择标准是：（1）该非常规突发事件必须是大家所熟知的，且影响较大；（2）该非常规突发事件必须具有代表性，对其分析可适用或推广到其他同类事件中；（3）该非常规突发事件引起了人们的广泛关注，得到政府及企业的积极响应和应对。基于以上考虑，后文分别对每类非常规突发事件选择了几个典型案例。

一、重大矿难与环境污染事件

重大矿难与环境污染事件是指在采矿过程中发生的事故，以及在采矿、冶炼过程中造成的重金属污染事件，其造成伤亡的危险性极大。重大矿难与环境污染事件在我国时有发生，不仅造成重大的人员伤亡，而且给我国造成了巨大的直接和间接经济损失，甚至造成严重的环境污染和生态破坏。一方面，重大矿难事故在我国频繁发生，《2017 年全国非煤矿山生产安全事故统计分析报告》表明，仅 2017 年我国非煤矿山共发

生各类生产安全事故 407 起、死亡 484 人，其中较大事故 15 起、死亡 63
人。按行业统计，2017 年我国有色金属矿采选业共发生事故 154 起、死
亡 186 人，事故总量排名第一，分别占总数的 37.8% 和 38.4%；事故总
量排名第二的为非金属矿采选业，共发生事故 145 起、死亡 159 人，分
别占总数的 35.6% 和 32.9%，同比分别减少 78 起、103 人，下降了
35.0% 和 39.3%；事故总量排名第三的为黑色金属矿采选业，发生事故
75 起、死亡 104 人，分别占总数的 18.4% 和 21.5%，同比分别增加 26
起、50 人，上升了 53.1% 和 92.6%；石油天然气开采共发生事故 11
起、死亡 13 人，均占总数 2.7%，事故起数同比下降 8.3%，死亡人数
与 2016 年持平。2013~2017 年各行业事故总量变化趋势如图 3 - 1 所
示。另一方面，采矿、冶炼过程中的重金属污染事件也时有发生，严重
影响着我国的生态环境和食品安全，尤其对我国的土壤污染防治和修复
工作带来很大困难。我国的重金属污染事件主要以镉、汞、砷、铅、铬、
铜、锌、镍等重金属为主，局部地区还有锰、钴、硒、钒、锑、铊、钼

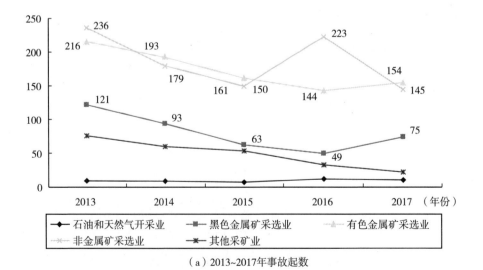

（a）2013~2017年事故起数

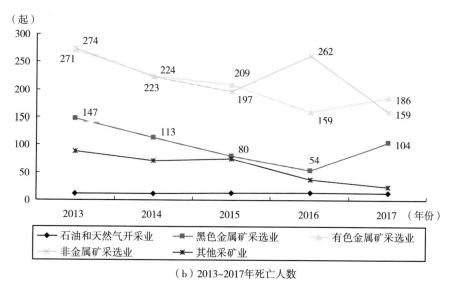

（b）2013~2017年死亡人数

图 3－1　2013～2017 年各行业事故总量变化趋势

资料来源：2017 年全国非煤矿山生产安全事故统计分析报告．

等。它们一般具有滞后性、积累性、难可逆性及隐蔽性。总之，金属资源重大矿难与环境污染事件给我国造成了巨大的人员伤亡、经济损失及环境破坏。表 3－1 梳理了金属资源领域发生的重大矿难和环境污染事件。

表 3－1　　　　　金属资源重大矿难与环境污染事件汇总

事件名称	事件描述	影响及后果
陕西"凤翔血铅事件"	2009 年 8 月起，陕西凤翔发生"血铅超标事件"，造成 615 名儿童血铅超标。之后，河南、湖南、云南等省"血铅污染事件"持续曝光	严格治理整顿并关闭小型冶炼厂，陕西凤翔县东岭冶炼有限公司 3 万吨产能铅冶炼被责令关停。河南济源大约 20 万吨产能和云南 35 万吨产能因为该事件被关停。这些事件严重影响了国内精铅供给，导致短期内铅价大幅上涨

续表

事件名称	事件描述	影响及后果
美铝爆炸	1999 年，美国凯撒公司格拉默西（Gramercy）氧化铝冶炼厂因为停电不能及时恢复，造成高压隔膜泵停止工作，导致溶出车间最后一级排气罐压力超过极限，发生大爆炸事故	该年凯撒公司氧化铝产量减少 50 万吨，此外，全球氧化铝市场受其影响也由之前的过剩 30 万吨转变为短缺 20 余万吨。国际氧化铝价格由 1999 年 7 月的 1 400 美元/吨上涨至 2000 年 1 月的 1 754 美元/吨。国内氧化铝缺口达 180 万吨左右，进口量为 150 万吨，国内氧化铝价格连续暴涨，一度达到 4 500 元/吨，铝锭平均价比 1998 年上升了 1 000 元左右
中金岭南铊污染	2010 年 10 月，中金岭南下属韶关冶炼厂发生铊泄漏，导致北江中上游出现铊超标现象	韶关冶炼厂于 2010 年 10 月 21 日实施全面停产，并配合政府进行相关调查。停产整改期约为 2 个月。给中金岭南带来的损失 5 400 万元左右
索罗科矿山事故	1988 年 3 月、12 月印度尼西亚的索罗科发生重大矿山事故	导致镍供应障碍
智利圣何塞铜矿坍塌事故	2010 年 8 月 5 日，智利北部阿塔卡马沙漠中一处名为圣何塞的铜金矿发生坍方事故	导致在井下作业的 32 名智利籍矿工和 1 名玻利维亚籍矿工陷于 700 米深的地下

资料来源：自己根据相关网页及论文资料整理而得.

二、自然灾害事件

自然灾害事件是指由不可抗拒的自然变异造成的人类生存受到危害或人类生活环境受到损害的突发事件。自然灾害一般分为大气—水圈灾害、地震—地质灾害和生物灾害三大类。其中，大气—水圈灾害主要指洪涝、暴雨、干旱、雷暴、风暴潮、台风、冰雹、暴风雪、低温、冻害及森林火灾等，其造成的经济损失约占我国自然灾害总损失的 67% ~ 69%，是造成危害最大的一类。地震—地质灾害主要指地震、滑坡、水土流失、沙漠化、泥石流和海水侵蚀等，其造成的经济损失约为自然灾害总损失的16%～18%。虽然其经济损失占比不如大气—水圈灾害，但地震可造成大量的人员伤亡。生物灾害主要指病、虫、鼠害及赤潮等，其造成的经济损失约占总损失的15%。自然灾害给我国造成了巨大的经济损失和人员伤亡。对国家金属资源安全造成危害的自然灾害事件主要是大气—水圈灾害和地震—地质灾害两类。表3-2列出了严重威胁国家金属资源安全的自然灾害事件。

表3-2 **金属资源自然灾害事件汇总**

事件名称	事件描述	影响及后果
智利北部 7.7级地震	2007年11月14日，智利北部发生7.7级地震，智利北部城市安托法加斯塔受到波及，该城市拥有世界上已知蕴藏量最大的铜矿之一，许多大铜矿都位于震区，包括全球最大铜矿智利国家铜公司、世界最大矿业公司澳大利亚必和必拓、美国铜业巨头麦克莫兰自由港铜业公司等十余家矿场一度断电停产	震后道路交通阻塞、电力中断对开采造成短期冲击。当日，伦铜劲升5.31%，收于每吨7335美元，最高触及7386美元。当周，伦铜价格累计涨幅为0.27%
智利中南部 8.8级地震	2010年2月27日，智利中南部发生8.8级地震，影响智利的四个铜矿矿区：CODELCO公司EL TENIENTE及ANDINA的铜矿，ANGLO AMERICAN公司的LOS BRONCES和EL SOLDADO矿区。该四个矿区年产量约为：50万吨，24万吨，18万吨，50万吨。合计年产量占智利比例为25%。矿区在3月初左右恢复正常运营	随后的3月我国铜矿砂及其精矿的进口量由2月的57万吨下降至54万吨，价格也由2月的每吨1870美元上升至2000美元，涨幅7%
智利中部 马乌莱地区 7.2级地震	2012年3月26日，智利中部马乌莱地区发生7.2级地震，对位于震中附近的几家智利主要铜矿有影响，但影响不是很大	当月我国铜矿砂及其精矿的进口数量由上月的63万吨降至53万吨，下降15.9%，而价格却由上月的每吨2020美元上涨到2180美元，涨幅7.9%

续表

事件名称	事件描述	影响及后果
新喀里多尼亚暴雨和洪水	1967 年新喀里多尼亚发生暴雨和洪水，造成采矿及运输设备毁坏，发货迟误	造成镍矿供应障碍

资料来源：自己根据相关网页和论文资料整理而得.

三、地缘政治事件

地缘政治事件是指依托地理要素和政治格局的地域形式所发生的在世界或地区范围内维护国家政治主权或战略优势的突发事件。地缘政治事件的种类很多，威胁国家金属资源安全的地缘政治事件主要指战争、局部冲突及海盗袭击等突发事件。这是因为中国的矿产资源很多依赖于进口，而资源的进口主要通过海外运输来进行的，表 3 - 3 和表 3 - 4 分别列出了中国矿产资源进口价值占比、主要矿种进口量占比、进口路线及占比。可见大多金属资源的海外运输需要经过马六甲海峡及索马里海峡等，如从南非、印度等地进口的铁矿石需要经过马六甲海峡，2013 年之前，中国进口的铬资源有 93.9% 都要经过马六甲海峡，而这些海上通道长期遭受海盗滋扰，政治动乱不断，国际恐怖主义猖獗，使海上运输通道受阻，严重影响了中国的资源安全。表 3 - 5 列出了海盗袭击、恐怖主义、局部战争等地缘政治事件导致海上通道受阻的案例。此外，近年来美国"亚太再平衡"战略使得南海地区纷争不断，南海通道安全日益受到挑战，我国矿产资源对该地区的通道依存度高，安全风险较大。更值得关注的是，据 IMB 数据统计，2018 年第一季度，全球海域总共发生了 66 起海盗事故，共有 100 名海员被劫持，是近 5 年同期比最糟糕的一年。今天海盗的猖獗已经对中国航运业构成了严重的直接威胁，海盗问题使我国金属资源进口通道受阻，已严重威胁到中国海上资源战略通道安全。这些都给我国资源供应的运输通道安全构成了极大的挑战。表3-6按金属矿种列出了典型的地缘政治事件。

表3-3 　　　2013年中国矿产资源进口价值占比及主要矿种进口量占比

地域	进口价值占比（%）	主要矿种进口量占比
中东	26.9	石油47.0%、天然气26.0%、铬9.0%、钾盐16.0%
大洋洲	15.9	煤炭33.0%、天然气9.0%、锑17.0%、铁51.0%、锰29.0%、钛26.0%、铜9.0%、铅10.0%、铝土矿21.0%、氧化铝93.0%、铌钽锆矿53.0%
非洲	15.0	石油20.0%、铁8.0%、锰53.0%、铬57.0%、钨17.0%、钴98.0%、铂族51.0%、铌钽锆矿30.0%
东南亚	6.8	煤炭31.0%、天然气13.0%、锰9.0%、钛27.0%、镍70.0%、锡矿93.0%、精炼锡70.0%、钽46.0%、铝土矿68.0%、锑25.0%
欧洲	1.9	未锻轧锰30.0%、铬22.0%、未锻轧锑18.0%、铅21.0%、钾盐5.0%、硼矿石88.0%
中南美	13.6	石油9.0%、铁22.0%、锰6.0%、铜精矿49.0%、精炼铜50.0%、铅9.0%、精炼锡26.0%、碳酸锂99.0%、硼12.0%
北美	2.8	铜16.0%、铅20.0%、钨27.0%、铍75.0%、钾盐22.0%、硅藻土77.0%
苏联	12.2	煤炭10.0%、石油14.0%、天然气47.0%、铀88.0%、未锻轧钛80.0%、锑49.0%、精炼镍47.0%、钾盐54.0%

资料来源：UN comtrade、中国海关信息网和文献李颖等：中国海外矿产资源供应安全评价与形式分析.

表 3 - 4　　　　　　　2013 年中国矿产资源进口路线及占比

通道	途径主要地域	经此通道进口价值占比（%）
南海通道	东南亚、马六甲海峡	68.1
其中：马六甲海峡	非洲、中东、欧洲	46.3
太平洋航线	北美、中南美、大洋洲、南美洲	19.2
陆上通道	苏联	12.7

资料来源：李颖等．中国海外矿产资源供应安全评价与形式分析（2015）．

表 3 - 5　　　　　　　海上运输通道突发事件导致通道受阻

案例	时间	事件描述
1	1967 年	中东战争中以色列侵占埃及西奈半岛，导致苏伊士运河被迫停航 8 年
2	1989 年 12 月 20 日	美国入侵巴拿马战争中巴拿马运河被迫关闭
3	1990 年 8 月	伊拉克入侵科威特，科威特港口关闭近 1 年
4	2002 年 9 月 27 日	工人罢工引发了美国西海岸 30 年以来历时最长的封港事件
5	2002 年 10 月 6 日	法国籍油轮"林堡号"在也门外海遭受恐怖袭击，发生爆炸，船身被炸出一个大洞
6	2003 年 3 月 20 日	福州永丰远洋渔业公司的渔轮"福远渔 225 号"在斯里兰卡海域突发海盗袭击事件，26 名船员中有 17 名遇难
7	2003 年	第二次海湾战争中波斯湾航线和霍尔木兹海峡受到美军控制
8	2006 年 7 月 18 日	黎以冲突中以色列为避免黎巴嫩的火箭袭击，关闭以色列的第一大港海法港直至另行通知
9	2007 年 7 月 11 日	一艘巴拿马籍货船"HAI TONG 7"轮在西太平洋关岛西北方向 372 海里处遭遇大风浪，船进水，于北京时间 7 月 11 日 11 时许沉没，船上 22 名中国籍船员全部落水

续表

案例	时间	事件描述
10	2007 年 11 月 11 日	12 艘俄罗斯、乌克兰和格鲁吉亚等国船只在刻赤海峡及附近海域失事或遇险。其中俄籍"伏尔加石油 139 号"油轮解体，造成 3 000 多吨燃油泄漏
11	2008 年 8 月 19 日	Bunga Melati Dua 号油轮在亚丁湾被海盗劫持
12	2008 年 11 月 15 日	可载 200 万桶石油、载有 25 名船员的沙特阿拉伯"天狼星号（MV Sirius Star）"油轮在肯尼亚近海被海盗劫持
13	2010 年 5 月 27 日	苏伊士运河和红海一些港口由于天气原因短暂关闭。苏伊士运河停航 6 小时，38 艘过往船只被延误
14	2010 年 12 月 8 日	巴拿马运河因暴雨停航 17 小时
15	2011 年 2 月 23 日	政治及气象原因致扎维耶、的黎波里、班加西、米苏拉塔等多港口关闭
16	2013 年 7 月 5 日	利比亚抗议活动导致油港 Es Sider 关闭，该油港为国内最大油港

资料来源：根据相关网页及文献资料整理所得.

表 3 - 6　　　　　　　　　　金属资源地缘政治事件

矿种	事件描述
钴	1. 1975 年扎伊尔第一次种族纠纷（3 个月） 2. 1978 ~ 1980 年扎伊尔第二次种族纠纷（持续 1 年多） 3. 1975 年扎伊尔由于安格拉内战，劳比得港口关闭 4. 1991 年 9 月因扎伊尔暴动钴矿开采中断
锰	1973 年加纳发生政变装船迟误

资料来源：根据相关网页及文献资料整理所得.

四、资源民族主义事件

国内外对资源民族主义的定义表述不一。如澳大利亚学者杰弗里威尔逊（Jeffrey D. Wilson，2013）将资源民族主义定义为"资源丰富型国家利用对自然资源的法律管辖权来实现其无法通过国际资源开采市场实现的特定的国家发展目标"。国内学者张建新（2014）定义资源民族主义为国家日益加强其资源主权、控制其资源流向、强化其资源价值的一种政策，反映了主权国家及其政府维护或控制本国矿产资源的一种强烈的思想意识。资源民族主义具有"管辖与控制"及"排外与利己"等特征。马也等（2014）的研究表明，资源民族主义可以有五种表现形式：通过税费手段提高国家占有率、清理或重新谈判合同和采矿权证、国有化、增加政府持股、禁止矿物原料出口，而通过税费手段提高国家占有率是发生最多的资源民族主义形式。表3－7按照金属种类列出了金属资源领域典型的资源民族主义事件。

表3－7 **金属资源民族主义事件**

矿种	事件描述
镍	1988 年 1~4 月多米尼亚由于出口关税问题发货迟误
铬	1. 南非作为反经济制裁措施暂时停止出口 2. 1978 年苏联停止出口高品位矿石 3. 1994 年至今哈萨克斯坦大幅度减少产量
锰	1. 1979 年苏联停止出口 2. 1973 年印度停止高品位矿石出口
钒	1980~1981 年南非的哈伊贝鲁特公司、美国的 UCC 公司的钒铁大量减产

资料来源：根据相关网页及文献资料整理所得.

五、金融与资本市场投机事件

投机是指利用市场出现的价差进行买卖从中获得利润的交易行为，这里的金融与资本市场投机行为主要指价格操纵，即利用资金、信息等优势或者滥用职权操纵市场，诱导不明真相的投资者盲目做出投资决策，影响期货市场交易价格，扰乱市场秩序从而获取不当利益的行为。近年来，金融与资本市场投机事件时有发生，不仅阻碍了证券市场健康有序的发展，而且制约了金融市场改革的进程，从而损害了整个国民经济的发展和全体人民的根本利益。如 2016 年、2017 年的螺纹钢暴涨事件，螺纹钢价格从 2006 年初的 1 500 元/吨迅速涨至 2 700 元/吨，此时螺纹钢交易金额已明显超出对应商品基础品种的市场正常供求，造成了全球商品需求复苏的繁荣假象。像螺纹钢市场的这种疯狂投机行为导致我国实体经济更加凋敝，不仅给我国金融体系埋下隐患，还拖累了中国经济结构转型步伐。除螺纹钢暴涨事件外，表 3 - 8 还列出了金属资源领域发生的其他典型金融与资本市场投机事件。

表 3 - 8　　　　　金属资源金融与资本市场投机事件汇总

事件名称	事件描述	影响及后果
国储铜事件	2005 年末，国家物资储备局对外宣称将抛售 3 万~5 万吨铜来抑制中国铜价，然而随后却声称国储局手中拥有 130 万吨铜，大大超出市场预期。而交易员刘其兵的失踪揭露了国储局做空被套的现实，国际炒家紧追不放，国际铜价持续上涨	不断走高的国际铜价给国储局造成巨额亏损，五矿有色交易期铜时产生 2 亿多亏损，另外国际铜价一路上涨，带动现货铜价的大涨，大大增加了国内相关企业的生产成本

续表

事件名称	事件描述	影响及后果
株冶事件	株洲冶炼厂的工作人员在伦敦市场越权透支交易，在已经出现亏损的情形下继续抛售期锌合约达 45 万吨，后被国际金融机构逼仓。最终国家出面以高价买入完成平仓，但仍然损失严重	伦敦锌价大涨，最后三天高价买入锌进行集中平仓的过程中亏损 1.758 亿美元
亨特家族囤积投机白银案例	1979 年，尼尔森·B. 亨特（Nelson Bunker Hunt）和威廉·H. 亨特（William Herbert Hunt）买入 1.7 亿盎司的白银期货和现货，致使白银价格疯狂上涨，由原来的每盎司 6 美元涨到 48.7 美元，涨幅近 800%。为了应对亨特兄弟的囤积操纵行为纽约商品交易所出台了提高保证金、只许平仓等新规。四天后白银价格暴跌 50%。亨特兄弟大量通过借贷得来的保证金被占用，在平仓过程中因为白银降价蒙受了 17 亿美元的损失。最终亨特兄弟求助于联邦政府，得到了 10 亿美元的长期贷款，挽救了亨特家族和白银市场	在本案例中，白银市场受到极大的破坏和震荡，亨特家族大量囤积白银时白银价格飞速上涨，新规出台后白银价格大幅下降。若非联邦政府最后出手 10 亿美元贷款，白银市场很可能面临崩溃
泛亚事件	为了避免海外做空势力打压国家战略稀有金属资源价格，泛亚通过人为操纵使得稀有金属价格持续上涨，创造我国稀有金属市场繁荣、稀有资源得到保值增值的假象	迫使庄家必须以高于市场的价格接受上亿的实物。扭曲市场价格，形成虚假的供需局面，最终庄家无力兑付，波及 22 万投资者，金额高达 430 亿元

资料来源：根据相关网页及文献资料整理所得.

从这些金属资源金融与资本市场投机事件可以看出，金融与资本市场投机行为不仅对企业或者个人有造成非常严重的负面影响，而且造成了虚假的市场供求关系，导致金属资源价格剧烈波动，致使市场价格扭曲，如株冶事件中仅仅 6、7 个月的时间里伦敦锌价涨幅就超过了 50%，国储铜事件更是导致期铜价格大幅上涨，也带动了现货铜价一路上涨，这些都严重影响了国家金属资源安全，从而严重威胁到国家经济安全。

第三节　金属资源非常规突发事件的类型与特征

一、金属资源非常规突发事件类型

根据非常规突发事件自身的特征，可将非常规突发事件划分为不同的类型。不同类型的突发事件各有其对应的特征和相应的防范措施，只有首先确定突发事件的类型才能更快地找到科学高效的应急方案和措施，更好地应对突发事件可能造成的危害。可见，对突发事件合理的分类是保障我国金属资源安全和应急管理的基础和前提，对制定预案、明确责任、科学组织及资源整合来应对突发事件等都具有重要意义。

对金属资源领域的非常规突发事件根据发生的范围、领域和影响等进一步提炼和概括，最终归纳为表3-9。

表3-9　　　　威胁国家金属资源安全的非常规突发事件总结

突发事件类型	事件名称	事件影响及后果
重大矿难与环境污染	1988年索罗科矿山事故	导致镍供应障碍
	1999年美铝爆炸事件	国际氧化铝价格由1999年7月的1 400美元/吨上涨至2000年1月的1 754美元/吨
	2009年陕西凤翔"血铅超标事件"	铅冶炼产能被关停，严重影响国内精铅供给，成为短期国内外铅价大幅上涨的主要原因之一

续表

突发事件类型	事件名称	事件影响及后果
重大矿难与环境污染	2010 年智利北部圣何塞铜金矿塌方事故	导致 33 名矿工被困 700 米深地下
	2010 年中金岭南 "铊污染事件"	给中金岭南带来损失 5 400 万元左右
自然灾害	1967 年新喀里多尼亚暴雨和洪水事件	造成镍矿供应障碍
	2007 年智利北部 7.7 级地震	当日伦铜劲升 5.31%，最高触及 7 386 美元
	2010 年智利中南部 8.8 级地震	当年伦铜上涨 5.6%，一度飙升至五周最高点
	2012 年智利中部马乌莱地区 7.2 级地震	当月我国铜矿砂及其精矿进口数量降至 53 万吨，下降 15.9%，而价格却由上月的每吨 2 020 美元上涨到 2 180 美元，涨幅 7.9%
金融与资本市场投机行为	1979 年亨特家族囤积投机白银事件	1980 年 3 月 27 日白银价格崩溃：在 30 ~ 40 美元价格运行的白银在几天后下跌到了 10 美元/盎司的低点
	1997 年株冶事件	伦敦锌价涨幅超过 50%，株冶 3 天内亏损达到 1.758 亿多美元
	2005 年国储铜事件	国际铜价屡创历史新高，五矿有色在伦敦交易期铜时产生 2 亿以上的亏损
	2015 年泛亚事件	造成铟市场虚假供需，价格扭曲，庄家必须以高于市价 70% 的价格接受上亿元实物
	2016 年、2017 年螺纹钢暴涨事件	导致螺纹钢价从 2006 年年初的 1 500 元/吨迅速涨到 2 700 元/吨，实体经济凋敝

突发事件类型	事件名称	事件影响及后果
资源民族主义	1973 年印度停止高品位矿石出口	导致锰供应障碍
	1978 年苏联停止出口高品位矿石	导致铬供应障碍
	1988 年多米尼亚由于出口关税问题发货延迟	导致镍供应障碍
	1980～1981 年南非哈伊贝鲁特公司、美国的 UCC 公司钒铁大量减产	导致钒供应障碍
地缘政治	1973 年加纳政变事件	装船延迟，导致锰供应障碍
	1975 年、1978 年扎伊尔种族纠纷事件	导致钴供应障碍
	1975 年扎伊尔安哥拉内战	劳比得港口关闭，导致钴供应障碍
	1991 年因扎伊尔暴动	钴矿开采中断，导致钴供应障碍

可见，关于金属资源领域的非常规突发事件，根据风险源的不同可将其主要归纳为以下五类：

（1）自然灾害事件：地震、飓风、洪水；

（2）重大矿难及环境污染事件：矿难事故、塌方事故等生产安全事件；

（3）地缘政治事件：战争及海盗事件；

（4）金融与资本市场投机事件：价格操纵、投机；

（5）资源民族主义事件：强制性选矿、出口限制、政府所有权、增加税收和土地使用费。

二、金属资源非常规突发事件特征

科学分析金属资源非常规突发事件的特征是分析此类突发事件影响

机理、评估风险及量化冲击影响的依据和基础。金属资源非常规突发事件种类繁多，除了以上列举的五类非常规突发事件外，还有矿区罢工、社区纠纷及矿企并购等非常规突发事件。各种类型非常规突发事件的发生形式、演化规律、影响程度和范围等不同，导致不同类型的非常规突发事件特征属性不一，即使属于同一类型的非常规突发事件也是如此，如同属于自然灾害事件的地震和洪水，其特征属性也不一样，因此难以建立统一的金属资源突发事件案例特征属性分析框架。但通过对金属资源非常规突发事件的梳理，发现金属资源非常规突发事件除了具有一些自身特征外，还具有以下共性特征：

1. 罕见性

金属资源非常规突发事件发生的概率远低于常规突发事件。由于发生概率极低，常常缺乏有效应对此类非常规突发事件的经验。其罕见性主要体现在以下三种情况：一是此类金属资源非常规突发事件从未发生过，也无类似案例可参考借鉴；二是此类金属资源非常规突发事件发生间隔久远，甚至百年不遇；三是虽然历史上发生过类似的非常规突发事件，但由于此时发生的非常规突发事件与当时发生的时间、地点、影响范围和所处环境等因素不同，无法根据以往经验或现有预案进行有效应对，只能基于当前情景灵活应对。

2. 不可预测性

由于非常规突发事件的突发性与随机性，导致金属资源非常规突发事件往往难以预测。其不可预测性表现为以下两个方面：一是非常规突发事件发生突然，事件发生的时间、地点、爆发形式、演变趋势等都无从知晓，而且发生前无明显征兆，因而非常规突发事件导致的国家经济损失、人员伤亡等后果都难以估量和预测；二是非常规突发事件的发生在时间和空间上都有很大的随机性，这种随机性导致人们无法预测事件的演化规律和变化趋势。

3. 衍生性

金属资源非常规突发事件具有较强的衍生性，而这些衍生事件与原发事件大多属于不同的类型，很多资源突发事件并非自身因素所致，很多是相关因素的衍生物。如地震、恐怖袭击等突发事件，其发生时与资源供应链本身无太多直接联系，但却导致了严重的资源供应危机，从而危及国家安全。其衍生性增大了突发事件预测的难度，对金属资源突发事件的预测不能单独考虑突发事件本身，而应将原生突发事件与次生、衍生突发事件联系起来考虑。同时，也说明了金属资源的应急管理需要加强与气象、自然灾害等其他领域机构和专家的合作，才能有效应对非常规突发事件。

4. 后果严重性

金属资源非常规突发事件会造成严重的后果，除了造成巨大的经济损失和人员伤亡外，自然灾害、地缘政治、资源民族主义、重大矿难与环境污染等非常规突发事件导致短期内资源"买不到、运不进、成本高"及"生态破坏"，金融与资本市场投机行为严重影响市场价格，扰乱市场正常秩序，同样导致资源"成本高"，这些都会造成金属资源市场供给失衡甚至供给中断，从而造成价格大幅波动，危及国家资源供给安全、经济安全和生态安全。压力—状态—响应（PSR）模型基于原因—效应—响应这一思维逻辑，恰好可以对国家金属资源安全管理中非常规突发事件影响机理进行很好的阐述。因此第四章将会基于 PSR 模型就非常规突发事件对国家金属资源安全的影响机理进行分析。

第四节 本 章 小 结

本章从非常规突发事件的定义和内涵出发，梳理了威胁国家金属资源安全的非常规突发事件，归纳了非常规突发事件的类型并总结其特点。本章将威胁国家金属资源安全的非常规突发事件根据风险源的不同主要归纳为五类：自然灾害事件、重大矿难与环境污染事件、地缘政治事件、金融与资本市场投机事件、资源民族主义事件，并归纳了金属资源非常规突发事件的特征：罕见性、不可预测性、衍生性及后果严重性。此外，还发现非常规突发事件对国家金属资源安全的影响过程符合原因—效应—响应的逻辑过程，为第四章基于 PSR 模型的非常规突发事件影响机理分析做了铺垫。

基于 PSR 模型的金属资源非常规突发事件影响机理分析

国家金属资源安全管理中非常规突发事件影响机理分析，即是将非常规突发事件对国家金属资源安全影响的全部发展阶段看作是一个演化过程，事件爆发后导致资源"买不到、运不进、成本高"及"污染严重"，从而导致资源供给危机，最终导致资源价格大幅波动，从而对生产、经济和社会造成巨大冲击，政府、企业和个人联合起来采取相应措施应对危机，减缓非常规突发事件对国家生产、经济和社会造成的影响。非常规突发事件有别于一般的突发事件，其对国家金属资源安全的影响更为复杂和特殊。对非常规突发事件演化机理的分析，有助于找寻问题发生的根源，分析其演化规律及演化路径，更有针对性地采取有效防范措施应对危机。本章基于 PSR 模型框架全面分析非常规突发事件对国家金属资源安全的影响机理，从一个全新的视角重新审视国家金属资源非常规安全。

第一节　压力—状态—响应（PSR）模型简介

一、PSR 模型的内涵

1979 年加拿大统计学家拉普波特和弗润德（Rapport & Friend）首次提出压力—状态—响应（PSR）模型，该模型主要是用来分析环境压力、现状与响应之间的关系。随后国际经济合作与发展组织响应 7 国集团首脑会议的要求，对该模型进行了改进，并基于压力—状态—响应分析框架，从气候环境、水质富营养化、臭氧层破坏、有毒物质、土壤资源等方面对世界环境质量存在的主要问题进行了评价。在 20 世纪 80 ~ 90 年代，随着 PSR 模型的发展，国际经济合作与发展组织（OECD）和联合国环境规划署（UNEP）在研究环境问题时对该模型进行了适用性和有效性评价，进一步发展并完善了已有的 PSR 模型框架体系，后来 PSR 模型被越来越多地国际组织和学术机构所借鉴和推广。

人类社会发展、经济活动和自然环境三者之间具有相互影响及相互制约的关系，PSR 模型正是根据这种关系将环境压力、环境状态和社会反应归纳为压力指标、状态指标和响应指标。其中，压力指标反映了由于人类活动对资源的不断索取、资源消费及生产过程中的废物排放等对环境造成的污染和破坏，是对环境承受了怎样负荷这一问题的回答；状态指标表示受到压力后在特定时间段内包括生态系统、自然环境状况及人类的生活质量等在内的环境状态的变化情况，是对环境状况发生了怎样变化的描述；响应指标表示当生态环境的状况超出了其正常承载能力范围时，政府、社会和个人如何行动起来对这种不利于人类生存发展的

生态环境变化所采取的补救措施，用于减轻、恢复及预防人类活动对生
态环境所造成的负面影响，是对怎样做这一问题的回答。压力、状态和
响应这三者之间逻辑关系紧密，相互之间构成动态平衡过程，能够反映
人类、社会、资源、环境等各部分之间的复杂关系。具体的 PSR 模型结
构如图 4－1 所示。

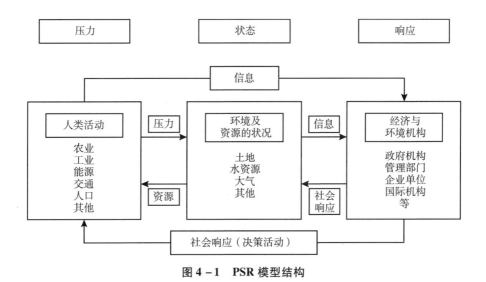

图 4－1　PSR 模型结构

压力—状态—响应模型基于原因—效应—响应的逻辑思路，可以有
效地反映可持续发展的调控机理过程，具有清晰的因果关系，该模型
展现和分析了事物发展在多种因素综合作用下的动态变化情况，解析
了其动态机制，能够回答"发生什么、为什么会发生及人类如何做"
这三个基本问题，为生态安全评价及可持续发展框架的构建提供了重
要思路。

基于不同的研究目的，PSR 模型可以进行相应地调整，使得该模型
能够普遍适用于多个领域。目前，PSR 模型已被广泛应用于可持续发展、
环境、生态安全评价、资源开发与利用过程中的人地关系等领域。比较

有代表性的如刘彦琴和郝晋珉（2003）以黄淮海平原为例，构建了一套适合于黄淮海平原县域可持续土地利用空间差异评价的指标体系，评价了可持续土地利用的空间差异性。朱玉林等（2017）基于压力—状态—响应模型对长株潭城市群生态承载力安全预警进行了研究；黄小卜等（2016）采用压力—状态—响应模型对广西生态建设环境绩效进行评估；冯彦等（2017）基于 PSR 模型对湖北省县域森林生态安全进行了评价，并对其时空演变规律进行分析；曲衍波等（2017）以压力—状态—响应的概念框架为依据，构建了土地整治的 PSR 评价指标体系，对土地整治空间格局进行分析，并探讨了不同区域土地整治的障碍因素及相应的调控策略；黄立文（2005）首次将 PSR 模型的建模思想引入交通领域，基于压力、状态、响应的逻辑思路构建了长江水上交通安全评价指标体系。此外，近年来部分学者将 PSR 模型应用于资源安全领域，如姚予龙等（2002）、谷树忠等（2006）运用该模型对资源安全机理进行阐释和系统动力学分析；胡剑波等（2016）基于 PSR 模型对我国能源安全状况进行了评价，并提出从加强能源勘探与开发、优化能源结构、提高能源效率、建立多元化能源供给渠道四个方面来进一步提升我国能源安全；王等（Wang et al.，2013）首次将 PSR 模型引入国家金属资源安全机理研究，从产生的原因、变化过程及对现实的影响等角度探索国家金属资源安全问题。

PSR 模型最突出的优点是以清晰的框架反映各种事物之间的因果关系，对分析具有因果联系的多种事物之间纷繁复杂的逻辑关系具有很强的优势，从而能够为政策制定者提供理论依据。

二、PSR 模型的发展

PSR 模型最初是用于研究环境问题的框架体系，随着研究的不断深入，许多学者发现该模型基于"原因—效应—响应"的逻辑思维可以很好地反映可持续发展的调控过程和演化机理，因此将其应用于资源利用及可持续发展的评估。由于 PSR 模型蕴含着可持续发展的思想，不仅可以用于解决环境问题，还可以将这种思维应用于其他社会、经济问题的研究。因此，PSR 模型在很多研究领域得以广泛应用，如土地利用的可持续发展评价、城市环境评价、区域的可持续发展评价、耕地保护、生态安全分析等方面。

　　PSR 模型可以根据具体研究问题的不同加以调整，使其更有针对性和可操作性。如 1996 年联合国可持续发展委员会与联合国政策和可持续发展部根据应用领域和研究问题的需要，改进了 PSR 模型，提出了 DSR（驱动力—状态—响应）概念模型，DSR 模型能够全面反映环境、社会、经济等方面，正好弥补了 PSR 模型关于在经济、社会评价方面的缺陷。该模型一方面能够反映环境在可持续发展中的作用，另一方面可以充分反映环境、经济与资源三者之间的相互制约与相互依存的关系。当然，DSR 模型也有一定的局限性，比如过分强调环境因素的作用而使得结论不全面，驱动力、状态、响应三个指标之间界限模糊，没有明确的区分。这些都会使得该模型在可持续发展评价中受到一定限制。

　　随着 PSR 和 DSR 概念模型应用到更多领域，各指标之间的逻辑关系需要更加明晰，为此部分学者在 DSR 模型的基础上进行修正，提出了PSRP、PSIR 等修正模型，从而使得各指标之间的逻辑关系更清晰，界限更明显，更能清晰地反映出环境变化与环境状态之间区别。

　　为了更全面的体现人与环境之间的关系，1998 年欧洲环境署（OECD）经过对 PSR、DSR、PSRP、PSIR 模型的修正和完善提出了 DPSIR（Driving – pressure – State – Impact – Response，驱动力—压力—状态—影响—响应）概念模型。这些基于 PSR 模型发展起来的拓展模型根据研究问题的需要逐渐成为解决环境和社会可持续发展问题的强有力的工具。

三、PSR 模型的适应性分析

PSR 模型在分析国家金属资源安全管理中非常规突发事件影响机理分析上具有较好的适用性，主要体现在以下三个方面：

（1）非常规突发事件对国家金属资源安全的影响过程属于复杂系统。一方面，自然灾害事件、重大矿难与环境事件、地缘政治事件、资源民族主义事件、金融与资本市场投机事件等非常规突发事件的种类繁多，影响机制也各有差别；另一方面，应将非常规突发事件影响的压力因素、状态因素和响应因素进行综合考虑，全面把握，协调起来进行影响机理分析。PSR 模型框架可以综合考虑压力、状态和响应三个方面因素之间的逻辑因果关系，具有较强的系统性，能够很好地刻画国家金属资源安全管理中非常规突发事件影响的多种因素之间的动态传导机制，既能反映各类因素之间的差异性，又能体现应对金属资源突发危机、供应中断和环境破坏目标的最优化。

（2）国家金属资源安全管理中非常规突发事件的影响机理分析目的在于找寻其根源，以更好地应对突发危机。国家金属资源安全在一系列非常规突发事件的外部冲击作用下，导致金属资源供应失衡甚至供给中断，使得市场价格剧烈波动，从而促使政府、企业和个人联合起来共同应对突发危机。PSR 模型通过分析国家金属资源安全的三个维度：供给安全、价格安全和生态安全的系统结构和功能变化找寻其根源，再结合金属资源状态的变化及应采取的应急措施、资源战略等，可以将三者进行有机结合，综合分析。

（3）非常规突发事件对国家金属资源安全的影响过程是一个动态变化过程，对供应中断、价格大幅波动及生态破坏的恢复都具有延后性。

PSR 模型是一个动态的调整过程，可根据目标的不同进行实时调整，既能反映不同非常规突发事件的异质性和独特性，又能体现国家金属资源安全各维度响应的差异性。

综上所述，国家金属资源安全管理中非常规突发事件影响过程中涉及的资源系统、环境系统和生态系统之间相互作用，按照压力、状态和响应的逻辑因果关系构成一个动态、综合的传导机制。在 PSR 模型分析框架中，各类非常规突发事件造成金属资源供给中断、价格大幅波动及生态破坏，给国家金属资源安全带来巨大压力（P），主要表现为自然压力和社会经济压力；各种非常规突发事件构成的外部冲击改变了金属资源结构及存量的状态（S），影响到国家金属资源的供给安全、价格安全和生态安全；当危机影响到一定程度时，政府、企业和个人联合起来做出响应（R），积极构建相应的应急体系和资源战略应对突发危机，从而减缓非常规突发事件对国家金属资源安全产生的影响。整个系统按照压力、状态、响应的逻辑关系构成一个动态循环过程，其传导作用机制如图 4 - 2 所示。因此，PSR 模型框架能够反映出各类非常规突发事件对国家金属资源安全的综合作用机制，找寻问题发生的根源，从而及时采取应对措施。可见 PSR 模型对国家金属资源安全管理中非常规突发事件影响机理分析具有适应性。

鉴于 PSR 模型的优点和适用性，本书选用压力—状态—响应模型综合考虑各种类型非常规突发事件对国家金属资源安全的影响，分析非常规突发事件与国家金属资源安全所涉及的经济、社会、生态、环境等因素之间的相互作用，全面刻画国家金属资源安全管理中非常规突发事件影响的内在演化机理，从而为非常规突发事件的风险评估提供理论借鉴和方法参考。

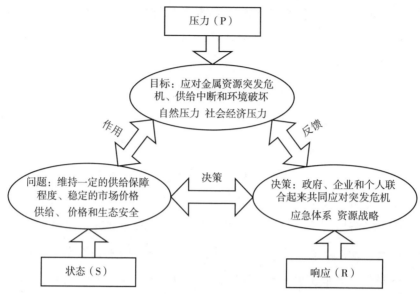

图 4 - 2　国家金属资源安全管理中的 PSR 模型分析框架

第二节　PSR 模型在非常规突发事件
影响机理中的应用

根据压力—状态—响应（PSR）模型的发展历史，发现该模型开始是用来解决环境问题的，后来逐渐应用到可持续发展利用领域。近年来随着研究问题的需要以及国内外学者对 PSR 模型的关注，该模型的应用范围越来越广，其研究深度和广度也不断扩大。在非常规突发事件对国家金属资源安全影响研究中，非常规突发事件导致资源压力陡增（买不到、运不进、成本高），使环境状态发生改变（环境污染），最终体现为资源供给中断、引发价格危机及生态环境破坏，从而对国家经济、社会及生产都造成巨大影响，激发人类做出应急响应，符合 PSR 模型的逻辑思维方式。因此本书将 PSR 模型引入国家金属资源非常规安全研究中，设计了一个简单且具有较强逻辑的系统机理图，可以有效地揭示非常规突发事件与国家金属资源安全系统之间的因果关系，为非常规突发事件对国家金属资源安全影响研究提供了新的思路。

一、国家金属资源安全管理中非常规突发事件影响因素分析

PSR 模型包括社会经济、资源、生态环境等诸多方面，从非常规突发事件对资源、环境的冲击压力出发，不仅能够反映非常规突发事件对资源供应、资源消耗及生态效应的影响，也能反映对自然资源和生态环境变化的响应。复杂和难以预测的非常规突发事件是造成国家金属资源供应危机、价格危机及生态破坏的"压力"，在非常规突发事件的外部冲击（压力）之下导致资源买不到、运不进、成本高及生态环境质量恶化，直观地反映到资源的供给中断、价格剧烈波动及生态环境破坏等"状态"上，资源供给失衡和生态环境破坏又反过来对国家生产和社会、经济等产生严重影响，基于此，政府、企业和个人积极采取资源战略、构建应急体系等来"响应"资源的供给中断和生态环境的破坏，以减少非常规突发事件对国家金属资源安全造成的危害，如此循环往复，通过压力—状态—响应构成了一条逻辑性强的因果关系链。

考虑到非常规突发事件对国家金属资源安全影响的复杂性和系统性，本书采用 PSR 概念模型构建非常规突发事件对国家金属资源安全影响机理体系，基于国家非常规安全视角梳理突发事件与国家金属资源安全之间的因果关系，建立了非常规突发事件对国家金属资源安全影响的压力—状态—响应（PSR）模型。后文将从压力因素、状态因素和响应因素三个方面就非常规突发事件对国家金属资源安全影响机理分别进行分析。

1. 压力因素分析

压力因素是引发国家金属资源安全状态发生变化的外部冲击力，是国家金属资源安全状态改变的潜在诱因，是导致国家金属资源供给中断及环境破坏的动力来源。对于非常规突发事件影响来说，可以将压力因素分为自然压力因素和社会经济压力因素两个方面，接下来从自然压力、社会经济压力两个方面分别分析：

自然压力是主要指包括地震、飓风、洪水等自然灾害类非常规突发事件对国家金属资源安全造成的影响。资源的稳定供应是保障国家金属资源安全的首要前提，地震、飓风、洪水等自然灾害类突发事件对受灾害地区的资源安全的影响是急剧的、致命的。一方面地震、飓风、洪水等自然灾害类非常规突发事件导致地面沉降、土地沙漠化、水土流失、水体污染等生态环境破坏；另一方面地震、飓风、洪水等自然灾害类非常规突发事件使得受灾害地区的通道受阻，导致受灾害地区短期内资源运不进，从而导致资源供应中断，引发资源供应失衡，从而进一步引发资源价格危机等。不同的区域发生自然灾害的种类、频率及原因等都会有所不同，体现了自然灾害突发事件对国家金属资源安全的影响也是有区域差异的。

社会经济压力包括的非常规突发事件种类比较多，主要有战争、海盗袭击等地缘政治事件；强制性选矿、出口限制等资源民族主义事件；重大矿难与环境污染等生产安全事件及价格操纵等资本市场投机事件。其中，地缘政治事件和资源民族主义事件由于资源国贸易保护主义等导致资源进口国对该种资源"买不到、运不进"，重大矿难与环境污染事件及金融与资本市场投机事件会导致资源"成本高"，这些事件最终都会导致资源供应失衡甚至供应中断，从而引发价格危机。此外，重大矿难与环境污染事件还可能导致环境与生态危机，从而对国家金属资源安全构成一定的威胁和挑战。

自然压力（如地震、飓风、洪水）对国家金属资源安全造成直接影响，社会经济压力（如战争、海盗袭击）除了对国家金属资源安全造成直接影响外，还可通过心理预期等间接影响国家金属资源安全。总之，自然压力因素和社会经济压力因素对国家金属资源安全的影响都很大，都会导致资源"买不到、运不进、成本高"的压力及生态环境破坏，是威胁国家金属资源安全的外在作用力。

2. 状态因素分析

状态是指经过上述压力作用后国家金属资源安全所处的状况或结果，主要反映在国家金属资源安全的三个维度上，即供给安全、价格安全和生态安全状况。具体来说，重大矿难、自然灾害、地缘政治等非常规突发事件可导致金属资源生产国产量大幅减产或金属资源进口国进口中断，从而导致资源供给危机，严重影响供给安全；供给与需求的失衡进一步导致价格大幅波动，造成价格危机，影响金属资源价格安全；此外，重大矿难与环境污染等非常规突发事件还可能导致环境破坏，严重影响金属资源生态安全。总之，在非常规突发事件的外部压力作用下，国家金属资源的供给状况、市场结构、市场价格及环境和生态状况等都会发生变化，主要造成资源供给中断、价格剧烈波动及环境和生态破坏的状态。状态因素的分析是压力因素分析的基础，也是响应因素分析的起点。

3. 响应因素分析

响应因素是指人类为了减轻或者恢复非常规突发事件对国家人民生产生活及社会经济所造成的各种影响所采取的应急措施，这些应急措施包括政府迅速制定资源战略及构建应急体系，联合企业和个人，共同积极应对突发事件，以使非常规突发事件的危害降到最小。响应的效果会直接或间接影响压力和状态因子。响应因素分析阶段最重要的是把握关键影响因素，根据响应目标合理制定应对措施，缓解非常规突发事件对国家金属资源安全的影响，对压力因素和状态因素进行有效的反馈调节。

二、国家金属资源安全管理中非常规突发事件影响的 PSR 模型机理分析

基于第三章对威胁国家金属资源安全的非常规突发事件的回顾和梳理，发现在非常规突发事件对国家金属资源安全影响中，地缘政治、资源民族主义、自然灾害、重大矿难与环境污染等非常规突发事件导致资源短期内处于"买不到、运不进"的压力状态，其中自然灾害事件、重大矿难与环境污染事件还造成一定的生态压力，导致"生态与环境破坏"，而金融与资本市场投机行为等非常规突发事件导致短期内资源"成本高"的压力状态，这些都会引起国家金属资源供给失衡甚至供给中断，最终造成资源价格大幅波动的状态，引发经济危机，从而对国家生产、经济及社会安全造成严重影响，而政府、企业和个人联合起来，进行资源战略调整和采取应急战略决策，又反过来缓解经济危机，从而构成了非常规突发事件对国家金属资源安全影响的压力—状态—响应关系。

这里需要强调的是，在五类金属资源非常规突发事件中，自然灾害事件、重大矿难与环境污染事件、地缘政治事件、资源民族主义事件对金属资源的供给和需求产生直接影响，可直接导致金属资源供给中断，从而引发价格危机。金融与资本市场投机事件则利用资金或信息优势操纵市场，通过影响投资者的心理预期来间接影响金属市场价格。可见它们对国家金属资源安全影响机理是不同的，因此对其影响的定量分析也

应分类讨论。

根据 PSR 模型的结构机理，构建非常规突发事件对国家金属资源安全影响的压力—状态—响应模型（如图 4-3 所示）。其中，自然灾害、地缘政治、资源民族主义、重大矿难与环境污染及金融与资本市场投机行为等非常规突发事件（外部冲击）造成金属资源买不到、运不进、成本高、污染严重，进而造成资源供给危机、价格危机的状态（S）是研究中要解决的问题，这些非常规突发事件是造成资源危机发生的原因（P），这些压力对国家生产、生活及社会经济等都造成了难以估量的损失和巨大影响，从而政府、企业（生产商）和个人（消费者）联合起来，采取积极的资源战略决策、开启应急预案等（R）共同应对非常规突发事件，这些响应措施又会反过来影响金属资源供给和价格，减缓非常规突发事件对国家金属资源安全的影响，如此循环往复，构成了非常规突发事件对国家金属资源安全影响的因果反馈回路。

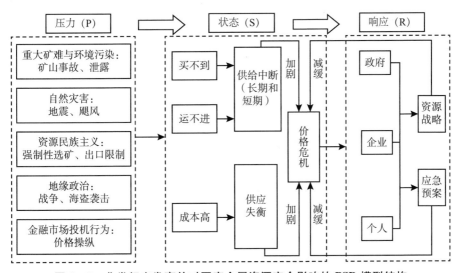

图 4-3　非常规突发事件对国家金属资源安全影响的 PSR 模型结构

第三节 本章小结

本章就非常规突发事件对国家金属资源安全影响机理进行了分析。地缘政治、资源民族主义、自然灾害、重大矿难与环境污染及金融与资本市场投机行为等非常规突发事件是威胁国家金属资源安全的"压力"，这些压力因素导致资源短期内处于"买不到、运不进、成本高"以及"污染严重"，从而导致国家金属资源供给危机，引起资源供给失衡甚至供给中断，最终造成资源价格大幅波动的"状态"，引发经济危机，从而对国家生产、经济及社会安全造成严重影响，政府、企业和个人联合起来进行"响应"，对资源战略进行调整并积极采取应急预案，减缓了非常规突发事件对国家金属资源安全的影响，从而构成了非常规突发事件对国家金属资源安全影响的压力—状态—响应（PSR）关系。基于此，本章首先概述了 PSR 模型的由来，然后将其应用于非常规突发事件对国家金属资源安全影响机理的研究，较好地阐述了非常规突发事件从发生、发展、演化到最终消亡的整个生命周期过程。

第五章

基于 PSR 模型的金属资源非常规突发事件风险评估

非常规突发事件具有突发性强、破坏性严重和发生频率极低等特征，在理论研究及实践应用中常常无法重现，使得非常规突发事件的风险评估成为亟待解决的难题。对非常规突发事件风险的合理分析和科学评估能够使得应急决策组织和机构提早制订应急方案，应对此次非常规突发事件可能带来的危害，有效地降低了非常规突发事件造成的损失。为此，本章在 PSR 模型机理分析的基础上，从压力、状态、响应三个方面构建了非常规突发事件风险评估的三维评价体系。然后根据金属资源非常规突发事件发生的特点，运用云参数贝叶斯网络方法对非常规突发事件风险进行评估，最后以我国铁矿石海上通道突发事件为例，动态评估了我国金属资源非常规突发事件风险。

第一节　非常规突发事件风险分析模型

本书界定金属资源非常规突发事件风险是指由非常规突发事件为主因所导致的国家金属资源安全受到危害程度的概率。该定义包含了三个方面的特征：（1）非常规突发事件是灾害或损失发生的动因，具有突发性、危险性和不可预测性，体现为"压力"特征，表现为风险源的危险性；（2）非常规突发事件导致了国家金属资源安全受到危害，造成人员伤亡、经济损失等一系列不利事件，体现为"状态"特征，表现为承险体的脆弱性；（3）国家金属资源安全受到危害时，政府、企业和个人联合起来采取应急防范措施减少损失，体现为"响应"特征，表现为防范能力。

一、压力（P）：风险源的危险性

压力（P）是指非常规突发事件的发生对国家金属资源安全的冲击，在风险评估体系中主要表现为风险源的危险性。金属资源非常规突发事件的风险源按照第三章的分析主要归纳为以下五类：自然灾害事件、重大矿难及环境污染事件、地缘政治事件、金融与资本市场投机事件、资源民族主义事件。这些非常规突发事件对国家金属资源安全造成的危害远超一般突发事件，具有极大的危险性。如自然灾害、重大矿难、地缘政治、资源民族主义等非常规突发事件导致金属资源供应失衡甚至供应中断，金融与资本市场投机事件通过投资者的投机需求间接影响金融市场供需，导致资源价格大幅波动，严重影响市场稳定甚至影响国家经济安全。此外，自然灾害、重大矿难等非常规突发事件还可能造成严重的环境破坏，导致生态危机。这些非常规突发事件可能对国家金属资源安全造成直接压力，也可能通过心理预期等其他介质间接威胁国家金属资源安全。接下来将从直接压力和间接压力两个方面分别进行说明。

1. 直接压力

直接压力主要源于非常规突发事件对国家金属资源供需造成的直接冲击，如地震、洪水等自然灾害及重大矿难与环境污染等非常规突发事件直接对金属资源进口国金属需求和金属资源出口国的金属生产产生影响，导致金属资源供需严重失衡，改变了金属资源的供求关系，从而引起价格大幅波动，引发经济危机等，故将其视为直接压力。

2. 间接压力

间接压力主要源于人们对非常规突发事件恐惧所引起的心理预期，直接压力在一定程度上也可转化为间接压力。如恐怖袭击等非常规突发事件除了直接作用于国家金属资源安全外，更多的是通过人们的心理预期间接影响金属资源的生产和需求。此外，战争、海盗袭击、资源民族主义等非常规突发事件一方面会使金属资源出口国停止生产或者大幅减产，严重影响金属资源供需，另一方面也会对人们造成恐慌和不安，带来未来的不确定性，从而间接影响金属资源的供需情况。

因此，压力维度的风险评估可根据具体的非常规突发事件和金属矿种选择相应的直接压力，以及间接压力量化评估指标进行科学有效的风险评估。

二、状态（S）：承险体的脆弱性

状态（S）指国家金属资源安全对非常规突发事件冲击所做出的反应，在风险评估体系中主要表现为承险体的脆弱性。在这里脆弱性的含义可解释为事物易受攻击、易受伤和被损坏的特性。目前，脆弱性的概念已被广泛应用于灾害学、生态学、社会学、经济学和金融学等领域。在不同领域，脆弱性有其不同的内涵。在应急管理领域，脆弱性是指面对灾害时对危险暴露程度及其易感性和抗逆力的程度。

非常规突发事件对国家金属资源安全的影响一方面使得资源供应失衡或供应中断，造成巨大的资源损失，另一方面使受灾地区的资源运输能力下降、基础设施受到破坏、对人身安全造成威胁，甚至影响国家经济安全等。所以在非常规突发事件对国家金属资源安全的影响中，承险体主要指资源物资、受灾地区、基础设施、资源市场、人身安全及国家经济安全等。

在风险评估体系中，状态（承险体的脆弱性）分析是指国家金属资源安全所涉及的经济系统、政治系统、军事系统、外交系统和生态系统等受到突发外部致灾因素冲击影响的程度，主要受承险体的暴露性及突发外力打击的敏感性等因素的影响。接下来将从暴露性和敏感性两个方面分别进行说明。

1. 暴露性

暴露性是指在非常规突发事件影响范围之内的承险体（资源物资、受灾地区、基础设施、资源市场、人身安全及国家经济安全）的数量或价值，是状态（承险体的脆弱性）评价的必要条件。承险体的暴露性主要受非常规突发事件（风险源）的危险性和影响范围内承险体总量的影响。暴露性是状态维度评价的首要表现形式。

2. 敏感性

敏感性是指承险体（资源物资、受灾地区、基础设施、资源市场、人身安全及国家经济安全）抵抗外部冲击影响的难易程度，主要由其自身的物理特性所决定。在非常规突发事件对国家金属资源安全影响中，主要表现为金属资源的对外依存度、人均资源储量等具体指标。

因此，状态维度的风险评估可以根据非常规突发事件的类型和金属矿种，选择相应的暴露性和敏感性风险度量指标对承险体的脆弱性进行合理量化评估。

三、响应（R）：防范能力

响应是指政府、企业和个人为缓解状态变化所提出的应对措施，在风险评估体系中主要表现为风险防范能力。非常规突发事件对国家金属资源安全造成巨大冲击影响，政府、企业和个人联合起来，采取有效防范措施共同应对此次突发事件，使其损失降到最小。可见，应急响应中防范能力在风险分析中具有重要作用。在非常规突发事件对国家金属资源安全影响中，应急管理机构对非常规突发事件的预警能力、协作能力、应急预案与应急处置能力、信息整合能力等都对响应（风险防范）起着至关重要的作用。因此，响应维度的风险评估可以根据具体的非常规突发事件和金属矿种，选择相应的量化评估指标对响应维度（防范能力）进行科学评估。

综合上述三个方面分析，基于压力—状态—响应（PSR）分析框架，构建了我国金属资源非常规突发事件风险分析模型（如图 5 - 1 所示）。根据具体的非常规突发事件和金属矿种分别对风险评估的三个维度选择相应的量化评估指标，就可以有效评估我国金属资源非常规突发事件发生的概率大小。

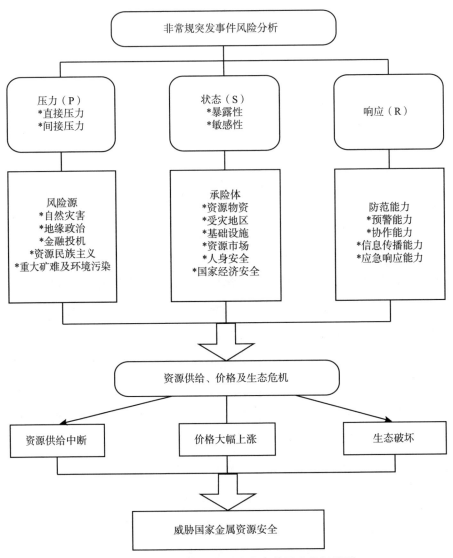

图 5 - 1　金属资源非常规突发事件风险分析模型

第二节　评估方法选择

突发事件的风险评估及预测是国家突发事件应急管理的基础，范维澄（2007）在国家突发事件应急管理的科学问题的思考和建议中就指出多因素风险评估和多尺度预测预警是我国突发事件应急管理基础研究迫切需要研究解决的关键科学问题之一。为了对突发事件风险评估研究现状有更深入的了解，后文中首先对常用的风险评估方法研究现状进行梳理，在此基础上，针对突发事件，梳理相应的风险评估方法。

一、风险评估方法

在风险分析过程中，风险评估是核心内容。提高风险评估的精度，能够提升人们对风险的认识与分析能力，这对提出有效的风险防范策略具有重大意义。所以，为了提高风险评估的精准度，避免客观性，很多学者积极探索风险评估的方法，产生了一系列比较完善且系统化常用的数学统计方法。接下来，主要对常用的风险评估方法进行总结，以便选择最适合金属资源非常规突发事件风险评估的方法。

首先，常用的风险评估方法中，比较受学者们推崇的是定性评估方法。定性评估方法是指采用描述性分析，来说明风险危险程度的级别，以及风险发生的概率等级。一般来说，已有的定性评估方法中，主要有问卷调查方法，即从宏观的角度，通过选择样本、问卷设计、收集统计等阶段完成；其次是集体讨论方法，即采用小型座谈会的形式，对评估内容以一种无结构的形式进行集体讨论；最后是专家调查法，即寻找评估内容相应的专门领域的相关专家，采用访谈的形式，运用专业知识，分析风险。总的来说，定性评估方法是一套比较完整的调查方法，其风险评估的结论比较系统且全面，能够精确深入风险内容的本质。但是比较不客观，对风险评估对象的专业性要求较高。

其次，是根据系统的数学统计模型，基于综合的数据指标体系，进行量化分析的定量的评估方法。概括地说，比较系统成熟的定量评估方法有因子分析法，即强调找出影响风险发生的主要因素，以及风险危害等级；聚类分析法，即重点寻找风险危害的特征，以便有针对性地提出风险规避策略；时序模型方法，即重点分析风险内部结构，预测风险发生概率。一般来说，相比于定性的评估方法，这些定量的评估方法比较客观，且能够运用精确的数字揭示风险危害的程度，给出了量化比较分析的度量标准。但是，很多时候我们无法获得风险相应的定量化数据指标，仅根据已有的数据指标分析，容易导致分析结果的片面化，分析基础过于简单，造成风险评估结果不精确。

最后，同时考虑定性与定量评估方法的综合评估方法逐渐引起人们的广泛关注。综合评估方法是系统性的评估方法，强调评估内容的系统化，在定量评估中把人的主观分析建立在数学统计方法的客观判断的基础上，来探索风险的本质特征与规律。综合国内外相关的评估方法，目前已有的风险评估方法有：层次分析方法，即将风险评估看作一个复杂的多目标决策系统，进行多目标、多准则的决策优化；灰色理论，强调决策信息的不确定性；云模型，即综合了风险的不确定性与随机性；贝叶斯网络，即强调了双向推理过程；人工神经网络，即挖掘潜在的风险特征。概括地说，这些综合分析方法，相比定量评估方法或定性评估方法有很大的优势，既综合了微观角度的主观分析，同时又从宏观角度进行了客观统计，是一类相对精确的风险评估方法。接下来，我们将对综合评估方法进行简单的梳理。

1. 层次分析法

20 世纪 70 年代，美国的托马斯·L. 斯塔蒂（Thomas L. Staaty）提出了多目标综合评估方法。他将定性的主观偏好与定量的数学统计方法等数量形式相结合，为风险评估提供了科学决策的思想与依据。具体来说，AHP 系列方法包括绝对模式，分布式或理想归一化模式的相对模式及超矩阵法（ANP）。作为一种多目标决策方法，AHP 方法包含 4 个步骤：问题建模，权重评估，权重聚合和敏感性分析。层次分析法不仅表现出了人的决策思维中的分解与归总的思维模式，更规范化了风险评估的全过程。但是，该方法也有很大的弊端，比如个人偏好很严重，受专家的影响较大，并不客观。

2. 灰色理论评估方法

1982 年，邓聚龙将自动控制与运筹学结合，提出对贫信息进行建模的理论方法。该方法主要解决由于认识、信息、决策三个方面带来的系统因素不明确、系统关系不清晰、系统结构不了解的不完全问题，以及不确定信息问题。灰色理论评估方法能够从杂乱无章的数据中，开拓、发现、寻找内在规律，且具有计算量小等优点。但是，针对数据规模较大、系统因素不稳定且多变的复杂系统不适用。

3. 云模型理论评估方法

1995 年，李德毅综合了模糊理论与概率随机理论，提出了云模型理论。相对于传统的模糊理论，李德毅解决了模糊信息的不确定性问题，综合了模糊信息的不确定性与随机性的特征，定义了隶属云模型及隶属云模型发生器，被广泛应用在各类评估系统及人工智能中。但是，对于非常复杂且动态变化的评估系统，该方法的推理能力比较低下，整体性的建模能力较弱。

4. 贝叶斯网络评估方法

1988 年，泊奥（Pearl）基于概率推理过程，为了解决不定性及不完整性问题，提出了概率网络，即贝叶斯网络。贝叶斯网络又称信念网络，是一个有向无环图，而贝叶斯公式是其基础。利用变量之间的依存关系，结合联合概率表达形式，从不完全、不精确、不确定的信息中做出推理。关于贝叶斯网络在风险评估方面的应用，第一个重大的贡献是基于哈得孙等（Hudson et al., 2005）的研究。该研究使用贝叶斯网络对军事恐怖威胁的决策支持系统的关键要素进行评估。在同一时期，还有学者提议运用贝叶斯网络分析消防系统的效率并寻找最有效的实际安排（Gulvanessian & Holicky, 2001）。贝叶斯网络分别从主观的先验概率与客观的双向推理过程，全面系统综合了所有的信息与知识，但是面对复杂的有向无环图，当节点规模较大的时候，贝叶斯网络就会受到限制，会导致组合爆炸问题。

5. 模糊综合评价法

模糊综合评价法是在模糊数学的隶属度理论基础上构建的一种综合系统评价方法或多元决策方法。该方法将定性的评价指标转化为定量的评价指标，用以解决模糊不明、受多种因素影响且运用常规方法难以量化的评估对象的研究。具体来说，该方法基于模糊线性变换原理和最大隶属度原则，对全系统的各个指标及整体进行评价，具体分为构建评价指标集合、确定指标权重与隶属值、构建模糊算子三个阶段。该方法结构清晰且系统性强，但是在确定指标集合与指标权重时，每个专家被分配到不同层面的指标，确定各个因素权重时存在很大的困难，且带有较大的主观偏好。

6. 人工神经网络方法

随着人工智能的兴起，神经网络在 20 世纪 80 年代成为处理规模大、结构复杂、信息不确定等特征问题的主要研究方法。人工神经网络是基于现代神经科学的基础上提出的具有自学习功能、联想存储功能、高速寻优功能等优势，特别针对非线性系统具有显著优势。然而，由于该方法的计算量级较大，且现有的模型算法的训练速度不高，算法集成度不够高，且需要在获取大量客观数据的基础上才能获得较为真实的数据分布情况。

总体而言，上述评估方法，都是基于定量数据的评估。但是，面临客观数据匮乏、不确定性和不可预测性较强的复杂系统，上述方法就显示出了自身的劣势。此外，如果想进行局部特征或因素分析，上述这些方法的灵活性不够，无法进行局部调整与重复使用。

二、金属资源非常规突发事件风险评估特点

在当前新时代背景下，金属资源非常规突发事件风险评估具有以下三个特点：

（1）金属资源非常规突发事件系统是一个涉及经济、政治、军事、外交、自然等因素的复杂系统，具有系统复杂性。国家金属资源安全系统受到海盗袭击、恐怖主义、地缘政治甚至资源民族主义等一系列非常规突发事件的影响，集政治、经济、军事、外交、文化等内容于一身，这些非常规突发事件对资源的供给、需求、储备甚至国防等都

产生了重大影响。

（2）金属资源非常规突发事件通常具有突发性和随机性，风险因素复杂且难以预测。鉴于金属资源非常规突发事件的突发性和随机性特征，如何利用当前获取的有限资料实时量化评估非常规突发事件风险，对于制定有效的风险应急策略具有重要意义。随着突发风险的演化，需要评估模型能够随时进行局部修整，可复用，可维护，从而实现科学快速的风险管理，这是针对非常规突发事件专有特征所亟须解决的根本问题。

（3）金属资源非常规突发事件风险评估过程中一般包含特定的定性指标。这些指标具有不确定性、随机性和不精确性等特征，从而使得定性数据定量化提出了很大的挑战，且对指标的影响权重及指标层级之间的影响效应进行量化更是困难。如果只是单纯的定性分析，又存在较大的主观偏好，且难以给出直观、清晰、可比较的评估结果。那么，如何量化模糊的风险内容信息与知识，以及确定这些模糊指标层级间的影响权重与映射关系，从而科学准确评估风险，是金属资源非常规突发事件风险评估的另一个难题。

综上分析，鉴于金属资源非常规突发事件的系统复杂性、突发性、随机性及不确定性，其评估必然涉及大量的动态信息和不确定性信息，已有的评估方法在这些特征面前，稍显不足。因此，本书针对金属资源非常规突发事件专有的特征，以及在风险评估过程中的难点，探索科学有效的金属资源非常规突发事件风险评估方法，更有针对性地制定应急对策从而有效防范突发风险。

三、云参数贝叶斯网络的选择及其适用性

贝叶斯网络（Bayesian Network，BN）是 Pearl 基于概率推理过程，

以贝叶斯公式为基础，为了解决不定性及不完整性问题所提出来的概率网络，又称信念网络或因果网络，是一个有向无环图，即贝叶斯网络。由于贝叶斯网络具有双向推理能力和雄厚的概率理论数学基础，而且可以由紧凑、直观的图形化表达方式表示，在统计学、信息论、生物信息学、人工智能、机器学习等领域获得了广泛应用。

贝叶斯网络方法规避了主观贝叶斯方法概率推理模型中概率分配的主观性、不一致性。特别的，以系统的数学统计理论，解决了条件概率获取的困难性，从而建立科学准确的条件概率表。且贝叶斯网络具有极大的灵活性，可以吸收新的证据，更新节点参数，从而实现非常规突发事件的有效评估。

贝叶斯网络方法提高了金属资源非常规突发事件风险的评估精度，然而对于金属资源非常规突发事件风险评估所涉及的具体评估指标中的定性信息与知识却难以量化。一般来说，当下的具体解决措施是基于先验知识或者自己直观的专业知识进行评价打分，这样的方法往往带有一定的主观偏好，不确定性较高。如何客观地将搜集的定性资料映射成为定量的数据，是解决金属资源非常规突发事件风险评估的基础问题。另外，贝叶斯网络随着节点规模的增加，其条件概率表会出现爆炸式组合的指数级的扩增问题，专家构建条件概率表会出现规模数量大，整体效率低下的瓶颈。当下，Noisy – OR Gate 模型或 Leaky Noisy – OR Gate 模型解决了节点状态为二值的该问题，但对于多节点状态的问题，仍没有解决。

在金属资源非常规突发事件风险评估中，无论从指标集合还是内容方面，模糊性是其主要的特征。在已有的研究中，解决风险评估过程中模糊性问题主要是基于模糊数学原理所提出的模糊综合评判方法，特别是通过建立隶属度函数评价的隶属度方法。虽然这种方法解决了主观评价方法中所存在的个人偏好的问题，但是并没有给出一个隶属度函数选择的标准。因此，科学的隶属度函数是解决模糊性问题的核心内容，如果隶属度函数无法精确识别，则无法发挥模糊综合评判法的优势。而且定性的评价资料中涉及人类不可避免的随机性问题。所以，模糊性与随机性两者相互作用，也是解决金属资源非常规突发事件风险评估中要解决的首要问题。

针对定性概念转化成为定量数值的问题，李德毅基于模糊数学理论与概率论提出了云模型理论。云模型理论将模糊性与随机性两大不确定性问题结合起来，且兼顾了自然语言中的模糊性与随机性，在风险评估中得到了广泛的应用。虽然，云模型理论尽可能地从定性信息中捕捉定量数据的分布规律，但是针对比较复杂的评估系统时，模型缺乏结构性，比较松散，且评估过程中的推理能力比较弱。

从以上分析可以发现，云模型理论具有超强的知识信息表达能力，而贝叶斯网络具有强大的推理能力等优势。因此，本书综合考虑两个模型的优势与弊端，将云模型与贝叶斯网络相结合，用以解决金属资源非常规突发事件风险评估问题。具体过程为：首先，借助云模型在模糊性与随机性信息知识表达方面的超强能力，构造贝叶斯网络的指标集合及条件概率表（CPT）；其次，综合贝叶斯网络的推理能力，解决金属资源非常规突发事件风险评估体系的松散与结构不清晰的问题。综合来看，本书对金属资源非常规突发事件风险评估模型综合了云模型理论与贝叶斯网络方法的长处，既具有云的知识信息表达能力，又兼具贝叶斯网络的双向推理能力，不仅提高了金属资源非常规突发事件风险评估的科学性与精确性，还降低了计算量与工作量，提高了风险评估效率。因此，本书尝试将云模型和贝叶斯网络相结合，构建云参数贝叶斯网络（CPBN）评估我国金属资源非常规突发事件风险，以为相关决策规划提供科学参考。

第三节　风险评估模型构建

一、云模型

1. 云模型的定义

1995 年，李德毅综合了模糊理论与概率随机理论，提出了一种定性概念与定量描述的不确定转换模型，即云模型理论。接下来将对云模型的定义与特征进行阐述说明。

定义：设 X 是一个集合，$X = \{x\}$ 是论域，X 上的任意一个定性变量为 Q，若精确数值表示的定量数值 x 是定性变量 Q 的一次随机实现，那么 x 对 Q 表示的确定度 $\mu(x)$ 存在一个稳定倾向的随机数，如式（5 - 1）所示：

$$\mu: X \rightarrow [0, 1], \ \forall x \in X, \ x \rightarrow \mu(x) \qquad (5-1)$$

式（5 - 1）中，$\mu(x)$ 叫作 x 对 X 的隶属度，隶属度在 X 上的分布，叫隶属云，x 称作云滴，表示为 $drop(x, \mu(x))$。

针对云模型的定义，云模型的主要特征如下：

（1）云是由云滴汇聚构成的，是随机变量在论域上的分布。一般来说，单个云滴无法反映云的概念，只有随着云滴数量的增加，分布的特征才会比较明显。

（2）每个云滴有相应的确定度，所有云滴的确定度构成随机变量；

（3）云滴的确定度反映了定性概念所到达的程度。一般来说，云滴出现的概率越大，其确定度就越高。

2. 云模型的数字特征

云模型表示自然语言中的基元，即语言值。云模型由云的三个数字特征来表示，即期望（Ex）、熵（En）和超熵（He）。

期望（Ex）是指云滴在论域空间分布的期望。在定性概念量化过程中，期望特征是表达程度最典型的样本。他是在论域空间中最能突出定性属性的点，是定性概念量化中表达最强烈的样本。

熵（En）是指云模型中定性概念可度量粒度，反映了云滴的离散程度，以及定性概念的取值范围。熵 En 越大，表示论域范围越大。

超熵（He）指的是 En 的不确定性度量，体现了云滴的凝聚程度。一般来说，He 越大，云滴分布越离散，云层也就越厚。

3. 云发生器

云的生成算法，称为云发生器。概括地说，云发生器包括从定性概念到定量表示的正向云发生器，以及从定量数值到定性概念的逆向云发生器。由于本书是解决对金属资源非常规突发事件风险的评估问题，重点解决定性概念向定量数值的映射，因此需要使用正向云发生器。正向云发生器是基于云模型的三个数字特征，Ex、En、He，输出满足一定分布的云滴（如图5–2表示）。

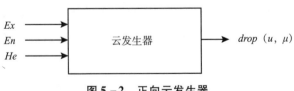

图5–2　正向云发生器

具体算法如下：

正向云发生器的输入是云模型的三个数字特征：期望（*Ex*），熵（*En*），超熵（*He*），云滴量 *N*，其输出是论域内的 *N* 个云滴，以及每个云滴的确定度。具体过程如下：

（1）产生一个期望值为 *En*，方差为 He^2 的正态随机数，$En_i' = NORM$（*En*，He^2）；

（2）产生一个期望为 *Ex*，方差为 *En′* 的正态随机数，$x_i = NORM$（*Ex*，$En_i'^2$）；

（3）计算确定度，$\mu_i = e^{\frac{(x_i - Ex)^2}{2En_i'^2}}$；

（4）输出云滴，$drop(x, \mu(x))$；

（5）重复上述步骤，产生 *N* 个云滴。

二、贝叶斯网络

贝叶斯网络（Bayesian network，BN）由美国加州大学的朱迪亚·珀尔（Judea Pearl）于 1988 年首先提出，又称为信念网络（Belief Network）或有向无环图模型（Directed Acyclic Graphical model，DAG），是对贝叶斯理论的一种拓展。

贝叶斯网络是将概率理论和图形理论相结合，从而产生的一种基于概率推理的图形化网络。有向无环图是贝叶斯网络的拓扑结构，其中节点表示可观察到的随机变量或者是隐变量等；边表示随机变量之间的拓扑依存关系。举例来说，假设两个随机变量，用节点 *X*、*Y* 表示，若存在由节点 *X* 指向节点 *Y* 的有向边，则称随机变量 *X* 为父节点，随机变量 *Y* 称为随机变量 *X* 的子节点，节点 *X* 和 *Y* 间会产生一个条件概率值 $P(Y|X)$。在贝叶斯网络中，每个节点都有一个概率分布表，用来量化节点间的相关性强度，根节点 *X* 所附的是其边缘分布 $P(X)$，而非

根节点 X 所附的是条件概率分布 $P(X \mid \pi(X))$。

在定性层面，贝叶斯网络用有向无环图表示变量间的独立关系和相关关系。在定量层面，贝叶斯网络用条件概率描述了变量对其父节点的相关关系。贝叶斯网络在语义上是对联合概率分布的一种表示，具体来说，假设 $\{X_1, X_2, \cdots, X_n\}$ 组成贝叶斯网络的节点集合，$P(X_1, \cdots, X_i)$ 是 X 的联合概率分布，给定 X 的子集 $\pi(X_i)$，且 X_i 与 X 中的其他变量均满足条件独立，根据贝叶斯定理的链式法则，得到联合概率分布，即式（5-2）：

$$P(X_1, \cdots, X_i) = \sum_{i=1}^{n} P(X_i \mid \pi(X_i)) \qquad (5-2)$$

其中，当 $\pi(X_i) = \varnothing$ 时，$P(X_i \mid \pi(X_i))$ 为边缘分布 $P(X_i)$。

联合概率的分解形式表明，一个完整的贝叶斯网络可以由两个部分的信息构成。一是贝叶斯网络的结构，表达了各个随机变量之间可能存在的因果依赖关系，体现了论域空间中的定性关联特征。另外，在贝叶斯网络中，由于贝叶斯公式的理论基础，包含节点与非后代节点之间的条件独立性假设，以及无有向边连接的节点的条件独立性假设；二是贝叶斯网络参数，即子节点与父节点随机变量之间能够表达其相互影响程度的条件概率。

随着贝叶斯网络的发展，针对特定的情形，延伸出了各具特色的贝叶斯网络模型。比如，模糊贝叶斯网络被提出，以解决连续节点的取值问题；面向对象的贝叶斯网络被提出，以解决重复知识出现的问题；定性贝叶斯网络被提出，以解决不精确的概率关系问题。但是，针对专家知识的条件概率表所构建的贝叶斯网络模型研究较少。

三、云参数贝叶斯网络

贝叶斯网络的构建问题，重点为构建贝叶斯网络（BN）片段和贝叶斯网络（BN）片段之间的关系，以及条件概率表的确定。对于不同的贝叶斯网络（BN）片段，可根据领域找寻相应领域专家进行构建，工作量相对较小；对于贝叶斯网络（BN）片段之间的关系，可根据事件发生的因果关系辅以专家知识进行构建；条件概率表的确定，需要对贝叶斯网络的每个节点构建一张父节点到该节点的条件概率表（CPT），该条件概率表（CPT）的规模随父节点规模的增加呈爆发式指数级扩增。现有的条件概率参数的构建方法主要有专家知识构建方法与参数学习构建方法。参数学习构建方法需要有大量的数据量作为学习单元，但是面对复杂系统的风险评估，有时候数据量的获取是一个极具困难的问题。随着节点规模的增加，条件概率表的规模呈指数级增长，导致专家评判的工作量增大，使基于贝叶斯网络的风险评估效率受到严重影响。

根据金属资源非常规突发事件风险评估的特征，参照王巍（2016）基于隶属云的贝叶斯网络参数构建方法，构建了我国金属资源非常规突发事件风险云参数贝叶斯网络，重点解决贝叶斯网络中参数估计问题。重点是将父节点对子节点的影响程度转化为隶属云模型，通过隶属云模型生成贝叶斯网络中的条件概率，从而减少了专家的工作量，又能提高风险评估的科学性与准确性。

基于隶属云的贝叶斯网络参数构建过程，主要分成权值计算、云模型转换、条件概率转换 3 个步骤。具体过程如下：

1. 权值计算

根据贝叶斯网络的结构，以及贝叶斯参数的要求，权值主要包括父节点权值、节点状态权值、状态组合权值三类。其中，父节点权值（WA）指的是父节点对子节点的影响程度；状态权值（WS）强调父节点每一种状态对子节点的影响程度；状态组合权值（WCS）指的是所有父节点对子节点的影响程度。

2. 云模型转换

云模型转换是根据权值定义一个云簇，设计一组云发生器。具体来说，第一步需要构建数字特征，即期望 Ex、熵 En 和超熵 He。利用黄金分割法，即基本规律是随着与论域中心距离的增大，云的熵与超熵增加，相邻云的熵与超熵中较小者是较大者的 0.618 倍。第二步选择云发生器类型。根据李德毅院士的研究，指出正态云模型具有普适性，强调了正态分布于钟形隶属度函数的普适性。因此，本书研究非常规突发事件的风险评估运用更具普适性的正态云模型，第一个状态和最后一个状态的云模型分别运用半降云模型和半升云模型，中间所有状态的云模型则运用标准云模型（如图 5 - 3 所示）。

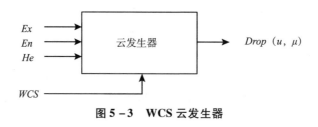

图 5 - 3　WCS 云发生器

3. 条件概率转换

条件概率转换指的是利用权值得到云滴，以及云滴的确定度，从而确定某一个条件概率。具体来说，将父节点的状态组合权值，带入已经确定的正向云发生器中，从而得到某一个确定的云滴及其确定度。然后，将该父节点的所有状态的云滴及对应的确定度重复上述步骤全部计算得到，归一化各个状态的确定度，从而得到条件概率表中的某一个表项。最后，将上述步骤进行重复，便可计算得出整个条件概率表。

针对上述三个主要步骤与过程，现在归纳以下主要的算法步骤：

基于隶属云的贝叶斯网络参数构建中的输入项是父节点权值（WA）与状态权值（WS），输出项是条件概率表（CPT）。主要的算法步骤为：

（1）计算所有节点的状态影响因子与状态组合权值。状态影响因子（WAS）是父节点权值与其各状态权值的乘积。比如说，计算第 i 个父节点的状态影响因子。WA_i 是该父节点权值，假设该父节点有 S 种状态，本书中用 WS_i^S 表示 S 种状态的状态权值，则该父节点的影响因子为 $\{WA_i \times WS_1^S,\ WA_i \times WS_2^S,\ \cdots,\ WA_i \times WS_S^S\}$；而状态组合权值表示为某一子节点状态下，所有父节点的状态影响因子之和。比如说，子节点 B 共有 n 个父节点，对于第 q 个状态，这些父节点的状态影响因子表示为 $WAS = \{was_1,\ was_2,\ \cdots,\ was_n\}$，则子节点的状态组合权值表示为式（5-3）：

$$WCS_q = \sum_{i=1}^{n} was_i \qquad (5-3)$$

（2）计算所有节点的状态空间的数字特征。每个状态正向云发生器的数字特征 He、En、Ex（表达式为式（5-4）~式（5-6））的计算采用黄金分割法。比如说设所求节点 X 的第 i 个状态组合权值为 WCS_i，$WCS = \{WCS_i \mid i \in N,\ 0 < i \leqslant z\}$，$z$ 为父节点状态组合的个数，X 的第 j 个状态所对应云发生器的数字特征分别是 He_j、En_j 和 Ex_j。

$$He = \{He_j \mid i \in N,\ 0 < i \leqslant m\} \qquad (5-4)$$

$$En = \{En_j \mid i \in N,\ 0 < i \leqslant m\} \qquad (5-5)$$

$$Ex = \{Ex_j \mid i \in N,\ 0 < i \leqslant m\} \qquad (5-6)$$

（3）计算云滴与云滴的确定度。首先，生成以 En_j 为期望值，He_j 为标准差的一个正态随机数 En'；其次，计算 WCS_i 的确定度 $\mu = e^{-\frac{(WCS_i - Ex_j)^2}{2(En')^2}}$；最后，保存第 j 个状态的云滴 $drop_j(WCS_i,\ \mu)$。

（4）遍历 X 的所有状态，归一化 X 状态空间的云滴确定度，将其结果保存到条件概率表，作为其中一个表项。

（5）完成 WCS 的遍历。

（6）输出条件概率表。

基于以上三部分，构建完成云参数贝叶斯网络。然后根据收集到的信息进行推理运算，由于云参数贝叶斯网络（CPBN）相比贝叶斯网络（BN）的区别只是条件概率表（CPT）的构建方法不同。因此，贝叶斯网络（BN）的推理算法（如消元推理算法、团树推理算法、MCMC 算法等）也同样适用于云参数贝叶斯网络（CPBN）。后文将基于联合树推理算法进行风险评估推理运算。

四、联合树推理算法

贝叶斯网络模型的另外一个难点就是推理算法，已有的研究主要包含精确推理与近似推理两种类别。其中，联合树推理算法是一种精确的贝叶斯网络推理算法。具体来说，20 世纪 90 年代，基于簇结点（Clique）间的消息传递完成概率推理，联合树推理算法得以提出（Lauritzen & Spiegelhalter）。该算法不仅可以处理单连通网络下的概率推理问题，而且对多连通网络下的推理过程有较高的适应能力，因此成为当下最为流行的推理算法之一。

联合树推理算法主要是将有向无环图转化为联合树，然后在联合树上进行推理计算。具体来说，首先将有向图转化为无向图，将无向图进行三角化，将三角化转化为树。其次，在联合树中引入观测到的信息，通过信息传递，得到各簇结点的边缘概率及各簇结点中各随机变量的边缘概率。

一般来说，相应的分析平台是 Netica 软件。该软件是对使用者输入的信息运用联合树推理算法得出推理结果的技术平台。因此，金属资源非常规突发事件风险评估是在构建完贝叶斯网络结构及计算完数据信息后，运用 Netica 软件进行风险评估推理运算。这样不仅能显示各个随机变量的影响程度，而且能够可视化的直观展示。

第四节 实 例 分 析

我国铁矿石资源安全长期以来一直处于严峻态势，2017 年中国铁矿石对外依存度已高达 89%[①]。当下，我国对铁矿石的需求依然强劲，虽然我国铁矿石的生产量已经大幅度提高，但是生产出的铁矿石质量差、利用效率低下，能够使用的铁矿石成品的数量很少，无法满足国内消费者的需求。所以，依靠进口铁矿石来降低供需结构的不平衡成为当下主要的现况。目前铁矿石国际贸易的 90% 以上是海运贸易，其海上运输一直占据干散货运输总量的 27% 以上，号称海上干散货运输中的大宗货物之王，高于煤炭 25% 左右和粮食 10% 左右。[②] 不同于陆上运输，铁矿石海上运输通道除了受到传统安全因素的影响，在错综复杂的国际新形势下，越来越多地受到海盗袭击、恐怖主义等非传统安全因素的影响，这些因素的急剧上升，致使我国铁矿石海上运输通道安全遭到极大威胁。我国铁矿石海上运输通道处于印度洋通道和太平洋通道范畴内，途径海峡众多，如我国从南非、印度等地进口铁矿石时途经马六甲海峡，该地素来是海盗多发地带，与东南亚海域并称世界公认的"五大恐怖海域"之首，易受海盗袭击和恐怖活动等非传统威胁的影响。此外，我国铁矿石航线路途遥远，容易受到台风、热带风暴、暖流、浓雾等突发恶劣天气的影响，我国铁矿石海上运输通道面临日益严峻与复杂的突发风险。一旦发生海上通道阻塞等突发事件，将使我国铁矿石供应受到严重影响，

---

① 资料来源：Wind 数据库.
② 资料来源：futures. hexun. com/2017 − 01 − 06/187636693. html.

继而影响我国经济安全和国防安全。因此，本书以铁矿石海上通道突发事件为例，说明如何分析和评估金属资源非常规突发事件风险。基于压力—状态—响应（PSR）分析框架，构建我国铁矿石海上通道非常规突发事件风险评估的多维评价模型，运用云参数贝叶斯网络方法动态评估我国铁矿石通道突发风险，从而检验本书提出的风险评估方法的可行性与有效性。

一、我国铁矿石海上通道突发事件风险辨识

在新时代背景下，海盗袭击、恐怖主义及自然灾害等非传统安全威胁日益成为影响我国海上战略通道安全的重要因素，同时也是最现实的影响因素。因此，本书从非传统安全威胁出发，基于突发事件的研究视角，在借鉴杨理智等（2014）研究的基础上，从压力、状态及响应三个维度对我国铁矿石海上通道突发事件风险进行辨识。

1. 压力（P）：风险源的危险性

压力主要指风险源的危险性，这就需要首先明确我国铁矿石海上通道突发事件的风险源有哪些。通过对历史上已发生的海上运输通道突发事件的梳理和总结，发现海上通道突发事件可大致归纳为以下五大类：海盗袭击、恐怖主义；局部战争、地区武装冲突；地缘政治事件；抗议活动、罢工；突发恶劣天气：暴风雨、沙尘暴、台风、冰冻等；狭窄水道交通拥堵。根据历史海上通道突发事件的检索及国际海事组织（IMO）的统计数据，对海上通道突发事件的统计结果大致如图 5-4 所示。海盗袭击、恐怖主义等突发事件对海上通道受阻造成直接压力，水道狭窄、地形复杂、地缘政治甚至突发恶劣天气等对海上通道受阻造成间接压力。这些导致海上通道受阻的因素，无论是直接

压力还是间接压力，统称为风险因子。

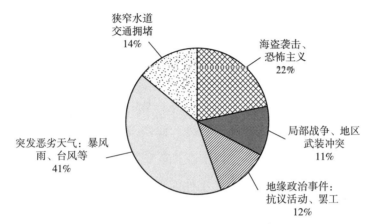

图 5 - 4　海上通道突发事件原因统计

　　鉴于海盗袭击在海上通道突发事件中发生频率较高，是造成海上通道阻塞的最直接威胁，所以在海上通道突发事件风险评估中，选取海盗袭击突发事件作为直接压力的典型代表。通过对历年海盗活动的分析，掌握历年海盗袭击的数量、海盗组织的武器装备、海盗袭击人数及海盗事件成功率等对于海上通道安全风险预判具有重要意义。航道地区周边国家的和平稳定程度、经济发展情况及地缘政治情况等因素一方面可能影响海盗数量、恐怖主义等突发事件的发生，另一方面也可能影响海盗团伙及恐怖分子作案的残忍程度，从而对海上通道安全产生间接压力。此外，狭窄的水道、岛屿众多等因素易形成海盗多发地，良好的天气、复杂的海况等也会增加海盗出行及恐怖主义实施的概率，同样也会对海上通道安全产生间接压力。这些直接压力和间接压力，都会造成资源供给中断、价格大幅上涨甚至造成严重的海洋污染，最终威胁国家社会、经济和国防安全。

2. 状态（S）：承险体的脆弱性

状态主要指承险体的脆弱性，这就需要首先明确我国铁矿石海上通道突发事件的承险体有哪些？海盗袭击等海上通道突发事件通过盗窃、抢劫、劫持等方式掠夺资源物资，造成巨大的资源损失和运输中断，使海区、海峡运输能力下降，对航行船只、基础设施等造成重大破坏，严重影响了航行船只的正常运行。此外，海盗袭击等非常规突发事件还会对船员的人身安全造成威胁，严重者甚至威胁国家经济安全与国防安全。因此，我国铁矿石海上通道突发事件的承险体包括铁矿石资源物资，海区、海峡、航道，基础设施，船舶，人身安全及国家经济、国防安全。

状态主要包括暴露性和敏感性两个方面。海盗袭击等海上通道突发事件使铁矿石等资源运输中断，一方面直接造成铁矿石物资经济价值受损，另一方面使得铁矿石市场供应失衡，间接对铁矿石等大宗商品贸易甚至中国经济造成严重影响，这些体现为铁矿石资源的暴露性。铁矿石对外依存度和人均铁矿石储量是影响我国铁矿石供应安全的重要因素，体现为铁矿石资源的敏感性；备用通道数量反映了海上通道的通过能力，一旦发生海上通道突发事件，受阻船舶可以通过备用通道航行，体现为航道的敏感性。

3. 响应（S）：防范能力

一旦发生海上通道突发事件，船舶及海区工作人员的风险防范能力就显得尤为重要。船舶的预警反应能力、通信设施的先进程度等都会影响到预知风险的程度，可以使航行船舶及早应对，有效降低甚至规避风险。海区工作人员的反海盗能力及应急响应能力反映了在突发紧急情况下快速反应及妥善处置的能力。

二、我国铁矿石海上通道突发事件风险指标体系构建

根据我国铁矿石海上通道突发事件风险的分析，基于压力（P）、状态（S）、响应（R）三个维度甄别与筛选合理的量化评估指标进行风险评估，是本书研究的关键一步。虽然在现有的文献中，并没有对这三个维度有明确的界限与划分，但根据风险辨识，尽可能地选择科学的、合理的、有效的量化风险评估指标，构建我国铁矿石海上通道突发事件风险评估体系，保证非常规突发事件风险评估的准确性与科学性。

我国铁矿石海上通道突发事件风险的目标层分为压力、状态和响应三个维度，它们构成了风险评估的准则层。压力进一步分为直接压力和间接压力，状态进一步分为暴露性和敏感性，它们构成了风险评估体系的一级指标层。选取海盗袭击作为海上通道突发事件风险直接压力的典型代表，进一步细分为四个维度，间接压力、暴露性、敏感性和防范能力进一步细分为三个维度，它们共同构成了风险评估体系的判别层。因此，涵盖海上通道突发事件风险评估机制中的全部要素——压力、状态和响应所构建的海上通道突发事件风险指标体系如表 5-1 所示。

表 5-1　　　　　　　　　海上通道突发事件风险指标体系

目标层	准则层	一级指标层	判别层
铁矿石海上通道突发事件风险 A1	压力 B1	直接压力 C1	海盗袭击数量 D1
			海盗武器装备 D2
			海盗袭击人数 D3
			海盗事件成功率 D4

目标层	准则层	一级指标层	判别层
铁矿石海上通道突发事件风险 A1	压力 B1	间接压力 C2	航道和平稳定程度 D5
			航道经济社会稳定程度 D6
			航海天气海况条件 D7
	状态 B2	暴露性 C3	铁矿石物资经济价值 D8
			中国人均 GDP D9
			商品总贸易增长率 D10
		敏感性 C4	铁矿石对外依存度 D11
			人均铁矿石储量 D12
			备用通道数量 D13
	响应 B3		国际护航力量部署 D14
			应急预案与应急处置能力 D15
			船舶通信设施和自卫装备 D16

三、我国铁矿石海上通道突发事件风险评估过程

1. 数据来源

根据我国铁矿石海上通道突发事件风险的特征及评估目标，特别是数据的可获得性，见风险指标体系表 5 - 1，选择指标体系中具有代表性的指标对目标层指标进行风险评估，数据来源说明如下：D1 ~ D4 指标选用国际海事组织发布的 2006 ~ 2017 年海盗袭击报告统计资料；全球和平指数可以用来测度一个国家或地区的和平程度，因此 D5 航道和平稳定程度采用英国"经济学人"智库发布的全球和平指数；人类发展指数（HDI）由联合国开发计划署（UNDP）提出，是用来衡量联合国各成员

国经济社会发展水平的指标，因此 D6 航道经济社会稳定程度采用人类
发展指数（HDI）；D7 指标选用《CMA - STI 热带气旋最佳路径数据集》
中强度取平均值后得到；D8、D11 和 D12 指标分别采用中国铁矿石
进口量、中国铁矿石对外依存度、中国人均铁矿石储量，这三个指标均
来自 Wind 数据库；D9 指标采用国际货币基金组织 IMF 组织发布的各国
人均 GDP；D10 指标来自国际货币基金组织 IMF 组织发布的世界经济展
望（WEO）数据库；军费支出占 GDP 的比重反映了一个国家对军事力
量的重视程度，某种意义上代表了国家的军事实力，因而采用中国军费
支出占 GDP 的比重这一指标作为 D14 国际护航力量部署的量化评估指
标；D13、D15 和 D16 指标根据外交部发布的《中国外交历程》、国家及
组织资料、南海岛礁争端现状及环球军力所发布的世界军事实力排行榜
等文字资料并结合专家打分得到，时间范围为 2006～2017 年。根据各指
标所代表的含义及风险危害的严重程度，将指标划分为依次递增的三个
等级，即低风险、中风险和高风险。统计数据落在三个区间上的频率，
对各指标进行等级划分。

2. 云参数贝叶斯网络建模

根据我国铁矿石海上通道突发事件各风险评估指标之间的因果关系
和依赖结构构建云参数贝叶斯网络。由于在我国铁矿石海上通道突发事
件风险评估指标体系中，目标层、准则层、一级指标层、判别层之间因
果关系明确，各层指标之间特征明显，因此可手工构建我国铁矿石海上
通道突发事件云参数贝叶斯网络。在云参数贝叶斯网络中，判别层指标
作为风险评估体系的根节点，一级指标层、准则层、目标层指标分别作
为对应父节点的子节点，从而构建的我国铁矿石海上通道突发事件云参
数贝叶斯网络如图 5 - 5 所示。

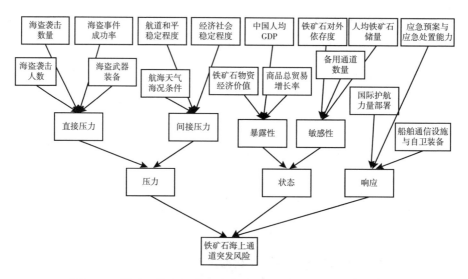

图 5 - 5　铁矿石海上通道突发事件风险评估云参数贝叶斯网络

3. 云参数贝叶斯网络（CPBN）的云参数生成

根据云参数贝叶斯网络构建方法，对上述构建的我国铁矿石海上通道突发事件云参数贝叶斯网络的每个节点，分别进行权值计算、云模型转换和条件概率转换，最终生成每个节点的条件概率表（CPT）。为简洁起见，本书以"直接压力"节点条件概率（CPT）表的构建过程为例进行说明。则直接压力 CPT 表生成过程如下：

（1）专家根据海盗袭击数量、海盗武器装备、海盗袭击人数和海盗事件成功率对直接压力的影响程度分别确定权值。这里设定各因素对直接压力有同等影响程度，即海盗袭击数量、海盗武器装备、海盗袭击人数和海盗事件成功率对直接压力的影响程度的权值为 1:1:1:1。

（2）专家确定父节点各状态的状态影响因子。设海盗袭击数量、海盗武器装备、海盗袭击人数和海盗事件成功率四个父节点均有低风险（L）、中风险（M）和高风险（H）三个状态，且低风险（L）、中风险

（M）和高风险（H）的状态影响因子设定为 1:5:10。

（3）计算父节点状态影响因子。

（4）计算父节点各状态组合权值，以及最大值、最小值和期望。

（5）隶属云模型转换。首先，确定元发生器的数字特征。其中，"中"状态云模型的三个数字特征：期望、熵和超熵分别为状态组合权值的期望、熵和超熵；其次，基于黄金分割法，计算确定"低"状态云模型与"高"状态云模型的数字特征。最后，根据"低风险""中风险"和"高风险"状态分别使用半降正态云模型、标准正态云模型和半升云模型来确定隶属云模型转换。

（6）条件概率转换。根据由过程（4）计算的状态组合权值代入由（5）得到的隶属云模型发生器，计算各个状态的云滴及云滴的确定度，然后将确定度归一化，便可得到某个条件概率表的表项。重复上述步骤，便可以计算得到所有的条件概率表，即贝叶斯参数。以"直接压力"节点为例，最终生成的该节点条件概率表见文后附录表。

4. 基于 Netica 软件的云参数贝叶斯网络推理计算

根据所获取的 2006～2017 年共 12 年的我国铁矿石海上运输通道各指标的相关历史信息知识及定量数据，获得各个随机变量在不同风险等级状态下的隶属度，以及根节点与子节点在不同的风险等级状态下的条件概率。基于构建的云参数贝叶斯网络模型，将贝叶斯网络结构、根节点隶属度及根节点与子节点之间的条件概率等信息输入 Netica 软件平台，通过联合树推理算法进行推理计算，其结果展示在可视化界面上。为了对我国铁矿石海上通道突发事件风险实行动态风险评估，本书计算了 2006～2017 年每年的根节点对其相应风险等级的隶属程度，将其分别输入 Netica 软件平台，共得到 12 个基于 Netica 软件的云参数贝叶斯网络推理结果。

四、我国铁矿石海上通道突发事件风险评估结果分析与讨论

1. 综合结果分析

基于联合数推理算法,得到 2006 ~ 2017 年我国铁矿石海上通道突发事件风险对(低风险,中风险,高风险)的隶属度结果(后验概率)(如表 5 – 2 所示)。

表 5 – 2　2006 ~ 2017 年我国铁矿石海上通道突发事件风险推理结果　　单位:%

时间	低风险	中风险	高风险	风险等级
2006 年	32.5	32.4	35.1	高风险
2007 年	33.5	34.2	32.3	中风险
2008 年	25.7	34.5	39.7	高风险
2009 年	17.3	36.1	46.6	高风险
2010 年	17.9	35.4	46.7	高风险
2011 年	16.0	35.0	49.0	高风险
2012 年	20.6	33.9	45.5	高风险
2013 年	23.2	32.6	44.1	高风险
2014 年	18.9	31.1	50.1	高风险
2015 年	22.9	29.6	47.6	高风险
2016 年	30.5	28.4	41.1	高风险
2017 年	30.3	26.3	43.4	高风险

限于篇幅，本书只给出基于 Netica 软件推理计算得到的 2015 年我国
铁矿石海上通道突发事件风险的云参数贝叶斯网络推理可视化结果（如
图 5-6 所示）。推理结果显示，此时我国铁矿石海上通道突发事件风险
对（低风险，中风险，高风险）的隶属度分别为（22.9，29.6，47.6），
属于高风险等级。

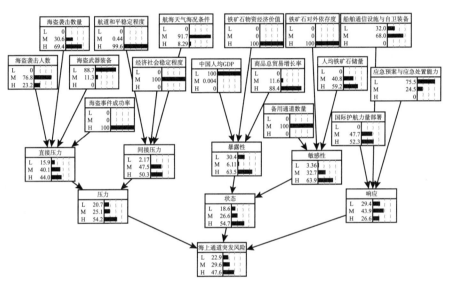

图 5-6　2015 年我国铁矿石海上通道突发事件风险评估

为了更直观化地分析我国铁矿石海上通道突发事件风险随时间的动
态变化情况，将风险评估推断结果用直方图的形式表示（如图 5-7 所
示）。由图可知，历年我国铁矿石海上通道突发事件风险基本属于高风险
等级（2007 年属于中风险等级），且从 2007~2017 年我国铁矿石海上通
道突发事件风险有先增大后降低的趋势。这是由于从 2007~2011 年海盗
势力逐渐猖獗，在 2010 年左右全球海盗袭击数量更是达到鼎盛（2010
年全球海盗袭击数量 445 件），而此时全球经济受金融危机影响，航道地

区经济衰退严重，同时航道地区的周边国家政治局势也极不稳定，如南海争端问题就一直存在，因此海上通道突发事件风险较大。随后，一方面海盗问题逐渐引起了国际相关组织的重视，各国联合起来积极打击海盗势力；另一方面，中国的综合国力也逐渐增强，尤其是国防、经济都迅速发展，船舶通信设施和自卫装备水平迅速提升，有些已达到世界先进水平，应急预案与应急处置能力也显著增强。

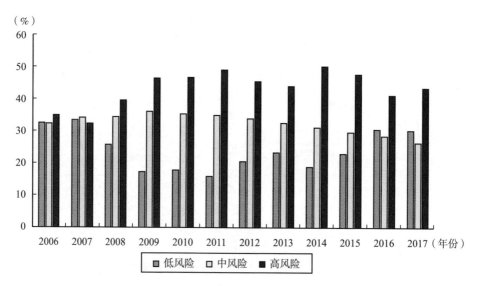

图 5 - 7　2006 ~ 2017 年我国铁矿石海上通道突发事件风险评估

2. 我国铁矿石海上通道突发事件风险维度分析

（1）压力系统结果分析

基于 Netica 软件推理得出 2006 ~ 2017 年我国铁矿石海上通道突发事件压力系统风险评估结果表明（如表 5 - 3 所示），除 2007 年外，压力系统（风险源的危险性）基本都处于高风险等级，且压力系统属于高风险的隶属度呈现先增大后减小的趋势。进一步分析压力系统的两个维

度——直接压力和间接压力，发现随着时间的变化，直接压力的风险等
级由中风险变为高风险又变为中风险，同样呈现出先增大后减小的态势，
而间接压力则基本处于中风险等级。这说明我国铁矿石海上通道突发事
件风险的压力主要来源于海盗袭击、恐怖主义等直接压力的影响。一方
面，我国从巴西、南非、印度进口铁矿石时必经马六甲海峡，该海峡作
为我国铁矿石海上运输通道的咽喉，属于海盗多发地，且该地区处于马
来西亚、印尼、新加坡三国交界处，政府控制能力弱，经济发展又相对
落后，致使海盗问题日益猖獗；另一方面，中非、中巴铁矿石海上运输
通道途径印度洋海域，其周边地区非法武装冲突、恐怖主义频发，宗教
民族矛盾激化，严重影响过往船只安全，对我国中非及中巴铁矿石海上
通道安全构成严重威胁。

表 5 - 3　　　　　　2006 ~ 2017 年我国铁矿石海上通道突发事件

压力系统推理结果

时间	直接压力（%）				间接压力（%）				压力（%）			
	低风险	中风险	高风险	风险等级	低风险	中风险	高风险	风险等级	低风险	中风险	高风险	风险等级
2006 年	14.1	56.4	29.4	中风险	14.2	82.6	3.21	中风险	35.5	25.9	38.6	高风险
2007 年	21.0	50.1	28.9	中风险	14.2	82.6	3.21	中风险	38.0	26.0	36.0	低风险
2008 年	3.91	43.2	52.9	高风险	5.74	90.4	3.86	中风险	21.6	26.2	52.2	高风险
2009 年	0.00	32.1	67.9	高风险	3.97	92.1	3.97	中风险	14.1	27.3	58.6	高风险
2010 年	0.00	26.3	73.7	高风险	4.06	91.9	4.00	中风险	12.0	28.0	60.0	高风险
2011 年	0.00	16.7	83.3	高风险	4.02	91.9	4.10	中风险	8.47	29.2	62.4	高风险

续表

时间	直接压力（%）				间接压力（%）				压力（%）			
	低风险	中风险	高风险	风险等级	低风险	中风险	高风险	风险等级	低风险	中风险	高风险	风险等级
2012 年	6.69	37.2	56.2	高风险	3.97	92.1	3.97	中风险	20.7	26.4	52.9	高风险
2013 年	10.9	46.8	42.3	中风险	3.69	84.0	12.4	中风险	25.9	24.9	49.2	高风险
2014 年	0.00	39.7	60.3	高风险	3.14	70.5	26.4	中风险	14.5	25.0	60.5	高风险
2015 年	15.9	40.1	44.0	高风险	2.17	47.5	50.3	高风险	20.7	25.1	54.2	高风险
2016 年	36.8	42.3	20.9	中风险	2.39	51.1	46.5	中风险	33.8	26.7	39.5	高风险
2017 年	34.6	41.1	24.3	中风险	2.55	55.3	42.1	中风险	33.2	26.4	40.4	高风险

（2）状态系统结果分析

2006～2017 年我国铁矿石海上通道突发事件状态系统的风险推理结果表明（如表 5-4 所示），2006～2017 年我国铁矿石海上通道状态系统的风险等级由低风险逐渐变为高风险，进一步分析状态系统的两个维度——暴露性和敏感性，发现状态系统风险等级由低风险逐渐变为中风险最终变为高风险等级，敏感性风险等级由中风险逐渐变为高风险等级，均呈现风险增大的趋势。一方面，铁矿石交易量大，仅次于原油，我国铁矿石进口量逐年增大，且价格剧烈波动，金融属性逐渐增强，因此暴露性风险增大；另一方面，由于我国铁矿石品位低，自然赋存条件差，2015 年我国铁矿石的对外依存度就超过了 80%，且有逐年攀升趋势，与此同时，人均铁矿石储量在世界上处较低水平，且逐年降低，因此敏感性风险不断增大。

表5-4　　　2006~2017 年我国铁矿石海上通道突发事件状态系统推理结果

时间	暴露性（%）				敏感性（%）				状态（%）			
	低风险	中风险	高风险	风险等级	低风险	中风险	高风险	风险等级	低风险	中风险	高风险	风险等级
2006 年	62.7	14.3	23.1	低风险	2.90	74.3	22.8	中风险	46.6	28.1	25.3	低风险
2007 年	49.9	37.2	12.9	低风险	2.91	74.7	22.4	中风险	46.1	26.0	27.9	低风险
2008 年	32.0	61.9	6.14	中风险	3.42	83.2	13.3	中风险	45.1	23.0	31.9	低风险
2009 年	2.92	75.9	21.2	中风险	2.84	62.2	34.9	中风险	26.2	22.7	51.1	高风险
2010 年	21.6	74.4	4.01	中风险	2.47	45.0	52.5	高风险	32.4	25.1	42.4	高风险
2011 年	21.7	73.8	4.51	中风险	3.38	41.1	55.5	高风险	31.7	25.6	42.7	高风险
2012 年	16.7	71.8	11.5	中风险	3.43	36.4	60.2	高风险	27.4	25.4	47.1	高风险
2013 年	27.0	40.9	32.1	中风险	3.44	30.6	66.3	高风险	24.4	26.7	49.0	高风险
2014 年	28.0	23.6	48.4	高风险	3.36	32.9	63.8	高风险	21.4	26.5	52.1	高风险
2015 年	30.4	6.11	63.5	高风险	3.36	32.7	63.9	高风险	18.6	26.6	54.7	高风险
2016 年	30.4	4.12	65.5	高风险	4.04	30.0	66.0	高风险	18.2	26.6	55.2	高风险
2017 年	11.5	20.7	67.8	高风险	4.04	30.0	66.0	高风险	12.4	24.5	63.1	高风险

（3）响应系统结果分析

2006~2017 年我国铁矿石海上通道突发事件响应系统的风险推理结果表明（如表5-5 所示），我国铁矿石海上通道响应系统风险由中风险逐渐变为低风险，说明我国铁矿石海上通道防范能力逐渐增强。一方面，随着中国国力的增强，中央政府不断加强和完善海防建设，根据新形势的战略要求，构建了系统科学的现代海防力量体系，使我国海防力量不断增强；另一方面，中国也在重要战略通道周边地区加强了军事力量部署，建立了科学有效的海上通道应急预案体系，增强了应急处置能力。此外，近年来随着我国科学技术的不断提高，特别是高科技技术的大力发展使得我国传播通信设施及自卫装备水平显著提升。

表 5 – 5 　　　　　　　 **2006 ~ 2017 年我国铁矿石海上通道突发事件**

响应系统推理结果 　　　　　单位：%

时间	低风险	中风险	高风险	风险等级
2006 年	2.78	54.3	43.0	中风险
2007 年	33.50	34.2	32.3	中风险
2008 年	3.19	72.3	24.5	中风险
2009 年	17.30	36.1	46.6	高风险
2010 年	3.10	69.5	27.4	中风险
2011 年	2.89	64.0	33.1	中风险
2012 年	3.50	65.2	31.3	中风险
2013 年	9.68	60.2	30.1	中风险
2014 年	18.90	52.1	29.0	中风险
2015 年	29.40	43.9	26.6	中风险
2016 年	38.50	34.1	27.4	低风险
2017 年	47.90	26.8	25.4	低风险

3. 进一步讨论：海上通道突发事件仿真实验

针对海上通道已有突发事件的风险辨识和分析（如图 5 – 4 所示），发现海盗袭击和突发恶劣天气为占比最大的两类海上通道突发事件。为此，特设突发海盗袭击情景和突发恶劣天气情景（暴风雨、沙尘暴、台风、冰冻等）进行仿真模拟，分析突发事件对我国铁矿石海上通道安全的影响。本书采用变量控制的方法，以 2015 年我国铁矿石海上通道安全状况为基期，根据已掌握信息对云参数贝叶斯网络节点进行修正，将新

增加的节点信息代入云参数贝叶斯网络，通过联合数推理算法重新推理
计算，便可以得到在新的情景下我国铁矿石海上通道突发事件综合风险
隶属度。

（1）突发海盗袭击情景

根据国际商会（ICC）国际海事局（IBM）最新的海盗活动李度报告
数据统计，2017 年前 9 个月全球一共发生了 121 起海盗和持械抢劫船只
事件，其中亚洲水域占据了 83.4%，高达 101 起海盗抢劫事件。相比
2016 年的 85 起增长了近 19%。而仅 2018 年第一季度，在全球海域就发
生了 66 起海盗事故。更值得关注的是，在这仅仅 3 个月时间里，总共有
100 名海员被劫持。可见突发海盗袭击事件仍然频繁，海上安全形势不
容乐观。因此，模拟仿真突发海盗袭击情景，分析此时我国铁矿石海上
通道安全情况，以做好提前应对。

假设中国商船在途经马六甲海峡时突遇海盗袭击事件，海盗人数较
多，且武器装备先进（配备枪支弹药较多），海盗劫持船后只是抢夺物
资和绑架船员索要赎金，未袭击伤害人质，因此受伤害船员人数很少，
船舶通信设施与自卫装备水平一般，但国际护航力量部署周密，且所属
船舶公司应急预案与应急处置能力很高。

根据已掌握的信息，将我国铁矿石海上运输通道阻塞风险评估模型
节点修正如下：

①海盗袭击数量处于高风险等级，不妨设对（低风险、中风险、高
风险）的隶属度分别为（0，15，85）；

②海盗武器装备处于高风险等级，不妨设对（低风险、中风险、高
风险）的隶属度分别为（10，20，70）；

③海盗袭击人数处于低风险等级，不妨设对（低风险、中风险、高
风险）的隶属度分别为（80，20，0）；

④船舶通信设施与自卫装备水平处于高风险等级，不妨设对（低风

险、中风险、高风险）的隶属度分别为（20，15，65）；

⑤国际护航力量部署周密，因而属于低风险等级，不妨设对（低风险、中风险、高风险）的隶属度分别为（80，20，0）；

⑥所属船舶公司应急预案与应急处置能力很高，因而处于低风险等级，不妨设对（低风险、中风险、高风险）的隶属度分别为（80，10，10）。

根据掌握的新证据更新节点信息，基于联合数推理算法得到突发海盗事件情景下海上运输通道安全风险推理结果如图 5 - 8 所示。

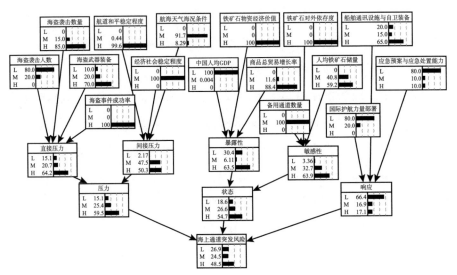

图 5 - 8　突发海盗袭击情景下海上通道安全风险评估

由推理结果可知，该突发海盗事件情景模拟下我国铁矿石海上运输通道安全风险对（低风险、中风险、高风险）的隶属度分别是（26.9，24.5，48.5），即此次突发海盗事件使得我国海上通道安全处于高风险等级。进一步分析发现，相比 2015 年的基准情景，压力状态对（低风险、中风险、高风险）的隶属度由（20.7，25.1，54.2）变为（15.1，

25.4，59.5），压力状态属于高风险的隶属度显著增大，而响应系统对
（低风险、中风险、高风险）的隶属度由（29.4，43.9，26.6）变为
（66.1，16.9，17.1），由中风险变为低风险，防范能力显著增强。知悉
了此次突发海盗事件所造成的风险等级和风险构成要素，可以快速制定
应急决策，有效防范风险。

（2）突发恶劣天气情景

突发恶劣天气，这里指的主要是指暴风雨、沙尘暴、台风、冰冻等
情景。分析近几年的突发恶劣天气，发现 2007 年 11 月 11 日的风暴天气
导致 12 艘船只在刻赤海峡及附近海域失事；2010 年 12 月 8 日在巴拿马
运河，连续数日的暴雨天气导致河道暂停通航长达 17 个小时。这些突发
的恶劣天气都造成了严重的海上运输通道阻塞。为此，设计相应的突发
恶劣天气情景，模拟仿真突发恶劣天气情景下我国铁矿石海上运输通道
安全风险情况，以便遇到类似情况时做出相应决策，降低风险损失。

假设我国商船在航行途中突遇强风暴天气，强烈风暴导致潮水上涨，
能见度低。航行所经过的周边国家受恐怖主义袭击影响航道和平稳定程
度严重下降，同时航道地区的经济社会稳定程度也严重衰退。

根据已掌握的信息，将我国铁矿石海上通道突发事件风险评估模型
间接压力父节点修正如下：

①航道天气海况条件处于高风险等级，不妨设航道天气海况条件对
（低风险、中风险、高风险）的隶属度分别为（0，20，80）；

②航道地区和平稳定程度处于高风险等级，不妨设对（低风险、中
风险、高风险）的隶属度分别为（10，20，70）；

③航道地区经济社会稳定程度处于高风险等级，不妨设对（低风险、
中风险、高风险）的隶属度分别为（10，15，75）。

将新增加的节点信息代入云参数贝叶斯网络，更新联合树推理计算
过程，便可以得到在突发恶劣天气情景下，我国铁矿石海上运输通道安

全风险对（低风险，中风险，高风险）的隶属度分别是（22.5，30.2，47.3），推理结果如图5-9所示。因此，此次突发恶劣天气使我国铁矿石海上通道安全处于高风险等级。进一步分析发现，此时间接压力对（低风险，中风险，高风险）的隶属度由（2.17，47.5，50.3）变为（9.87，19.6，70.5），间接压力处于高风险的隶属度显著增大。根据对风险源的分析和风险评估情况，及时调整相应决策，积极应对，降低风险。

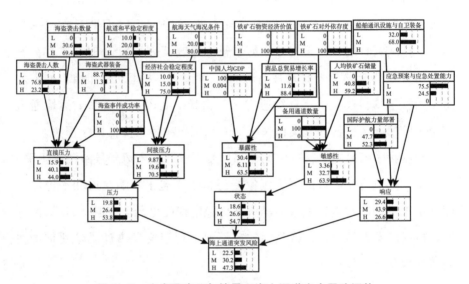

图5-9　突发恶劣天气情景下海上通道安全风险评估

第五节　本章小结

非常规突发事件的风险评估和分析已成为国家金属资源安全管理研究的重要内容，但由于金属资源非常规突发事件具有系统复杂性、突发性、随机性及不确定性，其评估必然涉及大量的模糊信息、随机信息、动态信息，传统的风险评估方法难以实现高效精准的评估。鉴于此，本书基于国家金属资源安全视角，从压力、状态和响应三个维度构建了我国金属资源非常规突发事件风险分析模型，根据非常规突发事件的特点和难点，将云模型和贝叶斯网络巧妙地结合，构建了我国金属资源非常规突发事件风险评估的云参数贝叶斯网络模型，并给出了模型的具体步骤。以我国铁矿石海上通道突发事件为例，构建了我国铁矿石海上通道突发事件风险评估指标体系，运用云参数贝叶斯网络动态评估了 2006~2017 年我国铁矿石海上通道突发事件风险。研究结果表明：我国铁矿石海上通道突发事件风险基本属于高风险等级，且从 2006~2017 年我国铁矿石海上通道突发事件风险有先增大后降低的趋势。非常规突发事件的仿真实验可以有效模拟突发情景，根据新证据快速制定应急决策、及时应对突发事件并降低突发事件带来的损失，从而为更好地应对国家金属资源非常规突发事件提供有益的参考和借鉴。

第六章

非常规突发事件对国家
金属资源安全的影响评估

第五章回答了非常规突发事件发生的风险有多大，那么这些非常规突发事件对国家金属资源安全的影响到底有多大，本章将对这一关键问题进行回答。由第四章非常规突发事件对国家金属资源安全的影响机理可以看出，非常规突发事件对国家金属资源安全影响构成了压力—状态—响应的因果反馈关系链，而这种因果反馈关系恰好可以运用系统动力学模型基于系统的内部机制出发，寻找问题发生的根源，分析国家金属资源非常规安全机理。非常规突发事件对金属资源安全影响机制是一个典型的复杂系统，涉及进出口贸易、库存、成本、供应量、需求量、产能等多种因素，这些因素相互影响构成因果反馈回路。在具体的分析中，鉴于铜是我国上市早、成交量大、发育相对成熟的金属品种，且在我国124个重要行业中，91%的行业都跟铜有关，是具有代表性的金属，因此本书以铜为例，分析非常规突发事件对国家金属资源安全影响的因果反馈过程，探讨非常规突发事件对国家金属资源价格冲击过程的速率变量和水平变量等，构建非常规突发事件对国家金属资源安全影响的系统动力学仿真模型，分析非常规突发事件对国家金属资源安全的影响程度和传导路径。

第一节　模 型 构 建

运用系统动力学研究非常规突发事件对国家金属资源安全影响问题，能够反映出由非常规突发事件、金属资源供需、成本、价格等组成的这一复杂系统的内在发展机制，便于描绘不同突发事件方案下系统的变化趋势，探讨非常规突发事件对国家金属资源安全的影响程度和传导路径，具有很强的可操作性。

一、因果关系确立

运用系统动力学方法来分析非常规突发事件对国家金属资源安全影响这一复杂系统问题，需要从系统整体结构出发，对系统内部结构进行剖析，识别和分析问题原因与结果之间的联系，辨识系统内部各相关组成成分之间的行为模式及产生的因果反馈结构。针对非常规突发事件对国家金属资源安全影响机理分析，分析非常规突发事件与金属价格变动之间存在的因果反馈关系，构建了因果回路（如图 6 - 1 所示）。以铜价波动为核心，围绕铜价波动的系统反馈回路主要有三个，其中变量前括号中的"＋""－"表示前一变量变化所引起的后一变量的同向或反向变化。

1. 铜价→（＋）利润→（＋）生产能力→（－）成本→（－）铜价

铜价的上升使得生产者利润提高，利润的提高使得生产者感觉有利可图，刺激了生产，因而扩大产能，生产能力提高，随之生产成本下降，生产成本下降后，铜价也随之下降。

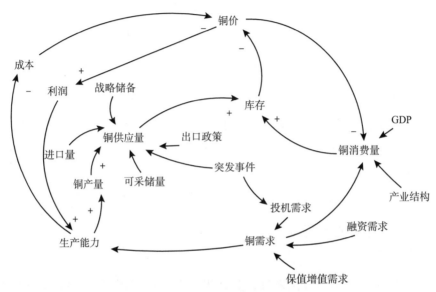

图 6-1　非常规突发事件对铜价影响因果回路

2. 铜价→（-）铜消费量→（+）库存→（-）铜价

铜价上升，则铜消费量减少，消费量减少则库存增加，库存增加则价格随之下降。

3. 铜价→（+）利润→（+）生产能力→（+）铜产量→（+）铜供应量→（+）库存→（-）铜价

铜价上升，则利润增加，利润的增加刺激了产能，使得生产能力增加，随之铜产量增加，则铜供应量相应增加，库存增加，库存的增加导致铜价下降。

二、系统流图及变量关系

本书从系统内金属资源供需、库存、成本、价格、产能利用率的相互作用关系入手，对复杂系统的时序性、动态性、边界性和可控性进行分析，从而确定系统边界。非常规突发事件对国家金属资源安全影响系统由价格子系统、需求子系统、库存子系统、成本子系统和产能利用率子系统构成，各个子系统之间及系统内各因素之间相互影响、相互制约，构成具有逻辑因果关系的反馈回路。其中，价格子系统是基于库存供应理论和预期理论所构建，价格可以看作是库存周转率和生产者成本的函数，价格、库存、成本三者之间相互作用，共同构成了价格子系统。需求子系统中，产品需求由投机需求、融资需求、保值增值需求构成，预期铜价影响了产品需求，预期需求也会影响产品需求，从而构成了需求子系统。成本子系统中，总成本定义为原材料成本、生产成本、运输成本及其他成本，成本又影响了利润，相互之间构成了成本子系统。产能利用率子系统通过预期产能利用率、库存周转率对产能利用率的影响、利润对产能利用率的影响等相互作用所构成。库存子系统主要通过资源的供给和需求决定，通过库存周转率、库存差、预期库存、预期供应量等相互联系构成了库存子系统。各子系统之间相互联系，相互制约，共同构成了非常规突发事件对国家金属资源安全影响的系统动力学模型。

基于铜资源供需、消费、库存、价格、成本之间的相互关系，根据因果回路图，非常规突发事件对铜价影响的系统流如图 6 - 2 所示。

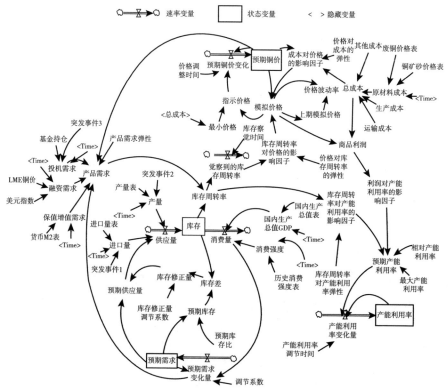

图 6 - 2　非常规突发事件对铜价影响的系统流

模型中的主要变量包括库存、供应量、消费量、成本、产品需求、产能利用率、库存周转率、GDP、进口量、产量等变量，主要变量及参数方程设置如下：

（1）库存周转率对价格的影响因子 =（觉察到的库存周转率）^价格对库存周转率的弹性；

（2）库存差 = 预期库存 - 库存（单位：吨）；

（3）总成本 = 其他成本 + 原材料成本 + 生产成本 + 运输成本（单位：元）；

（4）最小价格 = 总成本（单位：元）；

（5）指示价格 = MAX（铜现货价格，最小价格）（单位：元）；

（6）库存周转率对产能利用率的影响因子 = 库存周转率^库存周转率
对产能利用率弹性；

（7）商品利润 = 模拟价格 - 总成本（单位：元）；

（8）库存 = INTEG（供应量 - 消费量，265 863）（单位：吨）；

（9）成本对价格的影响因子 = 1 + 价格对成本的弹性 ×（总成本/预
期铜价 - 1）；

（10）供应量 = IF THEN ELSE（产量 > 预期供应量，预期供应量，产
量 + 进口量）（单位：吨）；

（11）预期需求变化量 = 调节系数 ×（消费量 - 预期需求）（单位：吨）；

（12）产品需求 = 期铜价格^（ - 产品需求弹性）+ 投机需求 + 融资需
求 + 0.3 × 预期需求变化量（单位：吨）；

（13）库存修正量 = 库存差 × 库存修正量调节系数（单位：吨）；

（14）库存周转率 = 库存/产品需求；

（15）原材料成本 = （0.05 × 废铜价格表（Time）+ 4.2 × 铜精矿价格
表（Time））× 7（单位：元）；

（16）消费量 = 国内生产总值 GDP × 消费强度（单位：吨）；

（17）融资需求 = 0.1 × 美元指数（Time）+ LME 铜价（Time）（单位：
吨）；

（18）觉察到的库存周转率 = SMOOTHI（库存周转率，库存察觉时
间，2）；

（19）模拟价格 = 库存周转率对价格的影响因子 × 成本对价格的影
响因子 × 预期铜价（单位：元）；

（20）预期供应量 = 预期需求 + 库存修正量（单位：吨）；

（21）预期库存 = 预期需求 × 预期库存比（单位：吨）；

（22）预期铜价 = INTEG（预期铜价变化，45 431）（单位：元）；

（23）预期铜价变化 = （指示价格 - 预期铜价）/价格调整时间（单

位：元）；

（24）预期需求 = INTEG（预期需求变化量，281 819）（单位：吨）；

（25）预期产能利用率 = IF THEN ELSE（相对产能利用率 ≤ 最大产能利用率，利润对产能利用率的影响因子 × 库存周转率对产能利用率的影响因子 × 相对产能利用率，最大产能利用率）；

（26）模拟价格 = 库存周转率对价格的影响因子 × 成本对价格的影响因子 × 预期铜价（单位：元）；

（27）产能利用率 = INTEG（产能利用率变化量，0.7）；

（28）产能利用率变化量 = SMOOTH（预期产能利用率 – 产能利用率，产能利用率调节时间）。

模型构建过程中，数据主要来源于 WIND 数据库。模型变量分为外生变量和内生变量，外生变量包括产量、进口量、货币 M2、LME 铜价、美元指数、基金持仓、生产成本、运输成本、消费强度、相对产能利用率等，其变量主要是通过表函数的形式确立其变化规律。内生变量包括库存、库存周转率、预期铜价、总成本、预期产能利用率、库存周转率对产能利用率的影响因子、成本对价格的影响因子、库存周转率对价格的影响因子等变量，主要是通过计量经济学方法设定。模型模拟时间设定为 2006 年 1 月至 2017 年 3 月，时间间隔为 1 月。

第二节　模型检验

一、系统有效性检验

在设计模拟仿真情景之前，有必要先对构建的系统动力学模型进行检验。为检验模型的有效性，本节首先对模型结构的适合性及与现实系统的一致性进行检验。

1. 量纲一致性检验

量纲一致性检验可以检验模型结构适合性，根据系统动力学方程两端的量纲一致是否来判断。运用 Vensim 软件的 Units Check 功能检验可知，非常规突发事件对国家金属资源安全影响的系统动力学模型中的所有参数量纲一致，符合实际意义。

2. 模型边界检验

边界检验是为了检查模型是否符合研究目的，以及变量与反馈回路是否足以表达所要研究的问题。本书以铜为例研究非常规突发事件对国家金属资源安全的影响大小和传导路径，并结合情景模拟分析未来可能发生的非常规突发事件对国家金属资源价格的影响。通过分析模型中的重要变量如铜模拟价格、总成本、库存、产能利用率等相关变量的合理性可知，模型未遗漏重要变量，变量库存周转率对产能利用率的影响因子出现了数值溢出问题，通过调整模型其他变量参数得以解决。经验证，该模型能够较好地反映非常规突发事件对铜价影响相关变量之间的反馈关系，模型边界设定合适。

二、历史检验

非常规突发事件对国家金属资源安全影响的系统动力学模型通过了量纲一致性检验和模型边界检验，还需要通过历史检验的方式对模型的有效性做进一步检验。历史检验中，利用 Vensim PLE 软件运行得到 2006年 1 月至 2017 年 3 月铜模拟价格，然后与真实历史价格进行对比，通过测算两者之间的相对误差与平均误差，比及比较两者的历史趋势对模型的有效性进行验证。

图6-3展示了2006年1月至2017年3月铜模拟价格与铜均价历史值的价格走势。通过比较，铜模拟价格仿真值与铜均价历史趋势保持了较好的一致性，经过测算，两者之间的平均误差为7.39%，绝大部分相对误差保持在5%的误差范围之内，仅在铜模拟价格低谷处相对误差较大，说明模型是有效的。

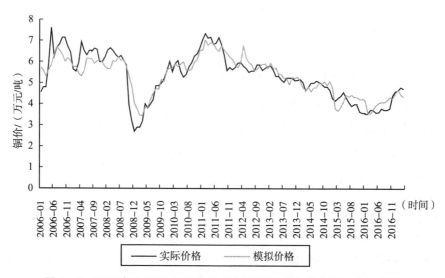

图6-3　2006年1月至2017年3月铜模拟价格与真实历史价格走势

第三节　情景模拟仿真

验证了模型的有效性后，下面通过设计具体的突发情景进行模拟仿真，评估不同非常规突发事件情景冲击下资源危机事件对铜价的影响程度和演化路径。经分析，非常规突发事件对国家金属资源安全影响都会

导致资源供应失衡、供给中断或对投机需求造成冲击，并最终导致价格
危机。一方面，自然灾害、地缘政治、重大矿难与环境污染、资源民族
主义等非常规突发事件导致进口国进口量大幅减少或资源生产国产量大
幅减产从而导致供应量减少，直接导致供给危机；另一方面，金融与资
本市场投机行为等通过影响投资者的投机需求来影响产品需求，从而间
接导致供给危机。针对以上两个方面的分析，分别设计相应的系统动力
学仿真情景，分析这两种情景下非常规突发事件导致金属资源供给危机，
从而造成金属资源价格剧烈波动的影响程度和传导路径。

一、非常规突发事件对国家金属资源安全的直接影响

1. 非常规突发事件导致短期内资源进口国进口量大幅减少

自然灾害、地缘政治、重大矿难与环境污染、资源民族主义等非常
规突发事件导致进口国进口量大幅减少，最终导致供应量大幅减少。假
设非常规突发事件使得资源进口国在事故发生当月和下月进口量大幅减
少，从而导致资源供应失衡（中断），最终导致价格剧烈波动。本书通
过对进口量引入 PULSE 单脉冲函数来模拟仿真这一突发情景，通过将此
种情景下各月的仿真结果与基准情景进行对比，以此探索非常规突发事
件对金属资源进口国铜价冲击的影响程度和传导路径。

为研究非常规突发事件导致资源进口国在事故发生当月和下月进口
量大幅减少的情景，将基准情景（Current）设定为无非常规突发事件发
生的情景，Current1、Current2、Current3 分别对应非常规突发事件使得资
源进口国在事故发生当月和下月进口量分别减少20%、50% 和 100% 的
仿真情景，其中，Current1 和 Current2 对应供应失衡条件下的仿真情景，
Current3 对应极端非常规突发事件下供应中断的仿真情景。通过对进口

量引入 PULSE 单脉冲函数来模拟仿真非常规突发事件对进口量造成的负向短期外部冲击。鉴于非常规突发事件的发生难以预测,具有偶然性和随机性,不妨假设非常规突发事件发生于 2009 年 8 月,三种仿真情景分别刻画了不同程度非常规突发事件影响下资源进口国进口量减少对铜价冲击的影响程度。

图 6 - 4 展示了自然灾害、地缘政治、重大矿难及环境污染、资源民族主义等非常规突发事件对资源进口国铜价冲击的影响。仿真结果表明,这些非常规突发事件的发生使得资源进口国当月和下月供应失衡(Current1、Current2),从而导致铜价在接下来的几个月时间内大幅上涨,且持续较长时间后逐渐趋于基准水平(Current);在极端突发事件冲击下,资源进口国供应中断(Current3),此时仅仅依靠国内产量已远远不能满

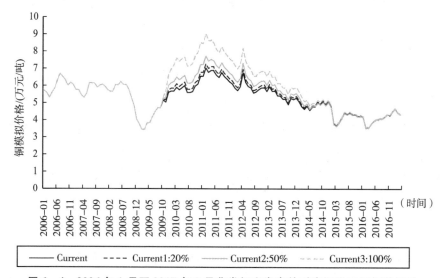

图 6 - 4　2006 年 1 月至 2017 年 3 月非常规突发事件对资源进口国铜价影响

注:Current:基准情景;Current1:20%:事故发生当月和下月进口量减少 20% 的情景;Current2:50%:事故发生当月和下月进口量减少 50% 的情景;Current3:100%:事故发生当月和下月进口中断的情景.

足经济发展的需要。相比上述两种情景，此时对铜价的冲击影响程度更
大，持续时间也更长。接下来将从非常规突发事件对铜价的影响程度和
传导路径两个方面分别做具体分析。

首先分析非常规突发事件对铜价的影响程度。对于非常规突发事件
导致资源进口国在事故发生当月和下月进口量减少 20% 的情景
（Current1），仿真结果表明相比基准情景（Current），铜价从 2009 年 10
月开始变化且幅度逐月增加，2009 年 10 月上涨幅度为 0.58%，说明非
常规突发事件发生初期对铜价的影响有限，对经济社会的影响不会立刻
显现出来。随后增幅逐渐增大，至 2010 年 12 月上涨幅度达到最大值
3.55%，说明非常规突发事件导致进口量减少进而对铜价造成的冲击具
有叠加效应。此后铜价涨幅逐渐回落，至 2015 年 1 月涨幅控制在 1% 水
平之内。假设非常规突发事件的强度进一步增大，比如导致资源进口国
在事故发生当月和下月进口量减少 50%（Current2），仿真结果表明相比
基准情景（Current），2009 年 10 月铜价涨幅为 1.47%，随后涨幅逐渐增
大，同样至 2010 年 12 月上涨幅度达到最大值 10% 后增幅逐渐回落，至
2014 年 6 月增幅控制在 1% 水平以内。假设非常规突发事件的强度进一
步增大，不妨假设极端情况下，非常规突发事件的发生使得资源进口国
在事故发生当月和下月进口中断（Current3），此时铜价模拟结果相对基
准情景出现显著的大幅上涨，从 2009 年 10 月的涨幅 3.02% 迅速增大至
2010 年 12 月的最大涨幅 27.30%，随后逐渐回落，至 2016 年 6 月涨幅
控制在 1% 水平以内。由此可见，无论是非常规突发事件导致资源进口
国进口量减少还是极端情况下进口中断的情景，对铜价的影响都表现出
相同的变化规律：事件发生初期对铜价影响有限，随后影响慢慢显现出
来，至 2010 年 12 月涨幅达到最大值后逐渐回落至基准水平，影响持续
时间较长。

从传导路径来看，自然灾害、地缘政治、资源民族主义、重大矿难

与环境污染等非常规突发事件导致进口量变化，进而通过影响库存的变化改变库存周转率来影响铜价。具体来说，非常规突发事件导致进口量减少（中断），则供应量相应减少，库存水平相应下降，在需求不变的前提下，库存周转率随之下降，则价格会相应地调整到预期水平之上。随着时间的推移，叠加效应慢慢呈现，供应减少对库存周转率的影响越来越大，因而对铜价的影响也越来越大。

非常规突发事件不仅使铜价相对基准情景大幅上涨，同样也会导致铜价剧烈波动，图 6-5 列出了在不同非常规突发事件发生后 1.5 年的时间内铜价波动率的变化情况，结果表明，模拟仿真情景 Current1、Current2、Current3 的价格波动率基本都大于基准情景下的铜价波动率，且随着突发事件强度的增大，对铜价波动的影响更大。

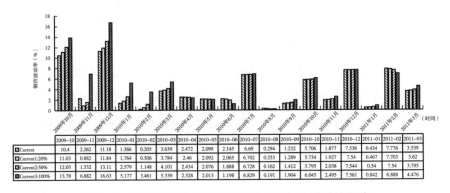

	2009-10	2009-11	2009-12	2010-01	2010-02	2010-03	2010-04	2010-05	2010-06	2010-07	2010-08	2010-09	2010-10	2010-11	2010-12	2011-01	2011-02	2011-03
Current	10.4	2.262	11.18	1.366	0.205	3.639	2.472	2.099	2.145	6.69	0.294	1.232	5.706	1.877	7.538	0.434	7.776	3.539
Current1:20%	11.03	0.882	11.84	1.764	0.506	3.784	2.46	2.092	2.065	6.702	0.253	1.289	5.734	1.927	7.54	0.467	7.703	3.62
Current2:50%	12.03	1.532	13.11	2.579	1.148	4.101	2.434	2.076	1.888	6.728	0.162	1.412	5.795	2.038	7.544	0.54	7.54	3.795
Current3:100%	13.78	6.882	16.63	5.177	3.461	5.339	2.328	2.013	1.198	6.829	0.191	1.904	6.045	2.495	7.561	0.842	6.888	4.476

图 6-5　非常规突发事件对资源进口国铜价波动的影响

可见，自然灾害、地缘政治、资源民族主义、重大矿难及环境污染等非常规突发事件导致资源进口国在事故发生当月和下月进口量分别减少 20%、50% 和 100% 时，铜价相比基准情景立即上涨，至最大涨幅 3.55%、10.00%、27.30% 后逐渐回落至基准水平。这些非常规突发事件导致资源进口国进口量在短期内大幅减少，通过影响库存的变化来改变库存周转率，从而对金属资源价格造成直接影响，导致金属价格大幅波动且冲击影响过后对资源价格的影响仍然会持续较长时间。

2. 非常规突发事件导致短期内资源生产国产量大幅减产

针对自然灾害、地缘政治、资源民族主义、重大矿难与环境污染等非常规突发事件使得资源生产国产量大幅减少的情景，假设非常规突发事件使得资源生产国在事故发生当月和下月产量大幅减少，从而导致资源供应失衡，最终引起价格剧烈波动。通过对产量引入 PULSE 单脉冲函数来仿真模拟这一过程，通过将此种情景下的各月仿真结果与基准情景进行对比，以此探索非常规突发事件对国家金属资源生产国铜价波动的影响程度和传导路径。

为研究非常规突发事件导致资源生产国在事故发生当月和下月产量大幅减少的情景，将基准情景（Current）设定为无非常规突发事件发生的情景，Current1、Current2、Current3 分别对应不同程度的突发事件使得资源生产国在事故发生当月和下月产量分别减少20%、50%和70%的仿真情景。本书通过对产量引入 PULSE 单脉冲函数来模拟仿真非常规突发事件对产量造成的负向短期冲击。鉴于非常规突发事件的发生难以预测，具有偶然性和随机性，不妨假设非常规突发事件发生于 2009 年 8 月，三种仿真情景分别刻画了不同程度突发事件影响下导致资源生产国产量减少对铜价波动冲击的影响程度。

图 6－6 展示了自然灾害、地缘政治、资源民族主义、重大矿难与环境污染事件等非常规突发事件对资源生产国铜价的影响。仿真结果表明，这些非常规突发事件的发生使得资源生产国当月和下月供应短缺（Current1、Current2、Current3），无法满足正常的经济发展需求，从而导致铜价在接下来的几个月时间内大幅上涨，在持续较长时间后逐渐趋于基准水平（Current）。下面从非常规突发事件对铜价的影响程度和传导路径

两个方面分别做具体分析。

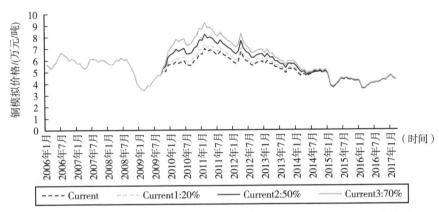

图 6 – 6　2006 年 1 月至 2017 年 3 月非常规突发事件对资源生产国铜价的影响

注：Current：基准情景；Current1：20%：事故发生当月和下月产量减少 20% 的情景；Current2：50%：事故发生当月和下月产量减少 50% 的情景；Current3：70%：事故发生当月和下月产量减少 70% 的情景．

首先分析非常规突发事件对铜价的影响程度，铜价从 2009 年 10 月开始变化且变化幅度逐月增加，2009 年 10 月上涨幅度为 0.97%，说明非常规突发事件发生初期对铜价的影响有限，对经济社会的影响没有立刻显现出来，随后增幅逐渐增大，至 2012 年 1 月上涨幅度达到最大值 4.71%，说明非常规突发事件导致产量减少进而对铜价造成的冲击具有叠加效应。此后铜价涨幅逐渐回落，至 2015 年 11 月涨幅控制在 1% 水平之内。假设非常规突发事件的强度进一步增大，比如导致资源生产国在事故发生当月和下月产量减少 50%（Current2），仿真结果表明相比基准情景（Current）2009 年 10 月铜价涨幅为 2.51%，随后涨幅逐渐增大，同样至 2012 年 1 月上涨幅度达到最大值 14.61% 后增幅逐渐回落，至 2014 年 10 月增幅控制在 1% 水平以内。假设非常规突发事件的强度进一步增大，不妨假设非常规突发事件的发生使得资源生产国在事故发生当月和下月产量减少70%（Current3），此时铜价模拟结果相对基准情景出现显著的大幅上涨，从2009年10月的涨幅3.61%迅速增大至2012年1月的最大涨幅24.86%，随后逐渐回落，至2016年11月涨幅控制在1%水平以内。由此可见，不同程度的非常规突发事件导致资源生产国产量大幅减少从而对铜价的影响效应表现出相同的变化规律：事件发生初期对铜价影响有限，随着时间的推移，影响逐渐增大，至2012年1月涨幅达到最大值后逐渐回落至基准水平。

从传导路径来看，非常规突发事件导致产量的变化是通过影响库存的变化改变库存周转率来影响铜价的。具体来说，非常规突发事件导致产量减少，则供应量相应减少，库存水平相应下降，在需求不变的前提下，库存周转率随之下降，则价格会相应地调整到预期水平之上。随着时间的推移，叠加效应慢慢呈现，供应减少对库存周转率的影响越来越大，因而对铜价的影响也越来越大。

非常规突发事件不仅使铜价相对基准情景大幅上涨，同样也会导致铜价剧烈波动，图6-7列出了在不同非常规突发事件发生后1.5年的时间内铜价波动率的变化情况，结果表明，模拟仿真情景Current1、Current2、Current3的价格波动率大多都大于基准情景下的铜价波动率，且随着突发事件强度的增大，铜价波动率越来越大。

可见，自然灾害、地缘政治、资源民族主义、重大矿难及环境污染等非常规突发事件导致资源生产国在事故发生当月和下月进口量分别减少20%、50%和70%时，铜价相比基准情景立即上涨，至最大涨幅4.71%、14.61%、24.86%后逐渐回落至基准水平。这些非常规突发事件导致资源生产国产量在短期内大幅减少，通过影响库存的变化来改变库存周转率，从而对金属资源价格造成直接影响，导致金属价格大幅波动且冲击影响过后对资源价格的影响仍然会持续较长时间。

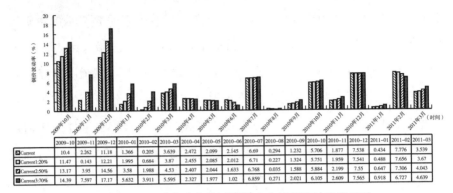

	2009-10	2009-11	2009-12	2010-01	2010-02	2010-03	2010-04	2010-05	2010-06	2010-07	2010-08	2010-09	2010-10	2010-11	2010-12	2011-01	2011-02	2011-03
Current	10.4	2.262	11.18	1.366	0.205	3.639	2.472	2.099	2.145	6.69	0.294	1.232	5.706	1.877	7.538	0.434	7.776	3.539
Current1:20%	11.47	0.143	12.21	1.995	0.684	3.87	2.455	2.085	2.012	6.71	0.227	1.324	5.751	1.959	7.541	0.488	7.656	3.67
Current2:50%	13.17	3.95	14.56	3.58	1.988	4.53	2.407	2.044	1.633	6.768	0.035	1.588	5.884	2.199	7.55	0.647	7.306	4.043
Current3:70%	14.39	7.597	17.17	5.632	3.911	5.595	2.327	1.977	1.02	6.859	0.271	2.021	6.105	2.609	7.565	0.918	6.727	4.639

图 6 – 7　非常规突发事件对资源生产国铜价波动的影响

无论是非常规突发事件导致资源进口国进口量减少还是资源生产国产量减少，归根到底都会产生供应短缺，在总需求一定的前提下，通过影响库存从而引起铜价大幅上涨的。此外，仿真结果表明，非常规突发事件导致进口量（产量）下降的幅度大于铜价上涨的幅度，一方面因为进口量（产量）只是供应量的一部分，还有一部分取决于产量（进口量），另一方面库存也对供给起到了一定的缓冲作用。

二、非常规突发事件对国家金属资源安全的间接影响

金融与资本市场投机事件等通过影响投资者的投机需求来影响产品需求，从而间接导致金属资源供给危机。因此，设置情景：金融与资本市场投机行为对金属资源投机需求造成冲击，进而间接影响国家金属资源安全。通过该情景的模拟仿真，探究金融与资本市场投机事件对国家金属资源安全影响机理及传导路径。

投机因素一直是商品铜市场备受争议的因素，进入 21 世纪以来，金属资源市场发生了重大变化，经济金融化和国际金融衍生品市场的高速发展使得基本金属的金融化程度日趋加强，基本金属价格已不完全受制于供需

基本面的影响，金融投机因素成为重要的影响因素。研究表明，商品指数
交易者及投机行为等都会推动商品价格的大幅上涨（Hamilton & Wu，
2014；Frankel，2014），因此金融市场的投机行为是如何影响商品价格
的，它的影响程度如何等问题都是值得我们深入探讨的话题。

　　近年来以规避风险和投机获利为目的的商品指数基金大量进入商品
市场，本书假设商品指数基金和投资机构通过基金持仓操纵市场，通过
持仓规模的大幅上涨和大幅下跌模拟投机行为对金融市场的巨大冲击。
假设投机行为通过影响需求进而影响价格，在其他变量不变的前提下，
通过对期铜市场基金持仓引入 PULSE 单脉冲函数模拟投机行为来对基金
持仓造成短期的巨大冲击。不妨假设商品指数基金和投资机构自 2010 年
12 月开始通过基金持仓操纵铜市场价格，操纵持续 4 个月，模拟仿真结
果如图 6 - 8 所示。其中 Current 为无投机行为发生的市场（基准情景），
Current1、Current2、Current3、Current4 分别对应不同程度的投机行为使
得事件发生期内持仓量减少 20%、50%，以及增大 20%、50% 的情景。

　　仿真结果表明，当金融与资本市场投机行为使得在事件发生期内持
仓量大幅减少时，对价格的影响在事件发生期内就会立即显现，仿真情
景模拟价格在事件发生期内就显著低于基准价格（Current），事件发生
期结束后铜价迅速回落至基准水平。相反，当金融与资本市场投机行为
使得在事件发生期内持仓量大幅增大时，仿真情景模拟价格在事件发生
期内就会迅速高于基准价格（Current），事件发生期结束后铜价迅速回
落至基准水平。从变化幅度来看，投机行为对铜价的影响程度有限，且
通过对比操纵力度相同但操纵方向相反的两种投机行为对铜价的影响发
现，投机行为使得持仓量大幅减少时对铜价的影响程度略大于投机行为
使得持仓量大幅增大时对铜价的影响程度。接下来将从投机行为对铜价
的影响程度和传导路径两个方面分别做具体分析。

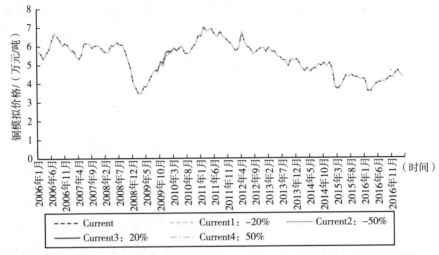

图 6-8　2006 年 1 月至 2017 年 3 月金融与资本市场投机行为对铜价的影响

注：Current：基准情景；Current1：-20%：投机行为使得在事件发生期内期铜市场持仓量减少 20% 的情景；Current2：-50%：投机行为使得在事件发生期内期铜市场持仓量减少 50% 的情景；Current3：20%：投机行为使得在事件发生期内期铜市场持仓量增加 20% 的情景；Current4：50%：投机行为使得在事件发生期内期铜市场持仓量增加 50% 的情景.

　　从影响程度分析，铜价自 2011 年 1 月就开始偏离基准水平，跌幅 0.57%，随后跌幅逐渐增大，至 2011 年 4 月达到最大跌幅 1.20%，之后铜价迅速回升至基准水平，至 2011 年 9 月跌幅控制在 0.10% 以内。假设商品指数基金大规模退出期铜市场，同时个人投资者跟风推出，使得持仓量在事件发生期内大规模减少 50%（Current2），则铜价自 2011 年 1 月跌幅为 1.54%，后跌幅迅速增大，至 2011 年 4 月达到最大跌幅 3.15%，之后铜价迅速回升至基准水平，至 2011 年 11 月跌幅控制在 0.10% 以内。相反的，如果金融与资本市场投机行为使得在事件发生期内持仓量增加 20%（Current3）时，铜价自 2011 年 1 月就开始偏离基准水平，增幅 0.53%，随后增幅迅速增大，至 2011 年 3 月达到最大增幅 1.13%，之后铜价迅速回落至基准水平，至 2011 年 9 月增幅控制在 0.10% 以内。假设商品指数基金和投资机构投机强度增大，致使期铜市场异常活跃，使得期铜持仓量在事件发生期内大规模增持 50%（Current4），则铜价自 2011 年 1 月跌幅 1.23%，后增幅迅速增大，至 2011 年 3 月达到最大增幅 2.72%，之后铜价迅速回落至基准水平，2011 年 11 月之后跌幅控制在 0.10% 以内。

从传导路径来看，金融与资本市场投机行为使得事件发生期内持仓量发生大幅变化，改变了投资者的投机需求，进而通过改变产品需求影响库存周转率来影响铜价。通过相关指标的分析，可以看出相比之下投机行为对成本的影响较小。具体来说，金融与资本市场投机行为导致持仓量减小（增大），则投机需求相应减少（增大），产品需求减少（增大），在库存不变的情况下，库存周转率相应上升（下降），铜价相应的调整到预期水平之下（上），导致最终铜价高于（低于）基准价格水平。

可见，金融与资本市场投机事件导致在事件发生期内持仓量分别减少 20% 和 50% 时，铜价立即下跌，至最大跌幅 1.20% 和 3.15% 后迅速回升至基准水平；相反，如果投机事件导致在事件发生期内持仓量增大 20% 和 50% 时，铜价立即上涨，至最大增幅 1.13% 和 2.72% 后迅速回落至基准水平，可见金融与资本市场投机事件使得事件发生期内持仓量发生大幅变化，改变了投资者的投机需求从而间接影响金属资源价格，对金属资源价格的影响相对较小，且投机事件过后迅速趋于基准水平。

三、跨期现市场操纵对国家金属资源安全的影响

在经济新常态背景下，电子信息技术、高频交易策略及商品指数基金等不断发展，使得国家金属资源市场发生了重大变化，金属价格已不仅仅受制于供需基本面的影响，国际资本的投机行为、国际

货币汇率的变化、利率的冲击、石油的联动等金融因素也影响着金属价格的波动，且越来越超过供需基本面对金属价格波动的影响。金融化进程中的投机行为及价格操纵突发事件导致金属资源市场价格波动剧烈，市场供需失衡，严重影响了我国的经济安全。经济新常态下各个资源市场之间联动性的增强，金融化程度的不断提高使得金属资源价格的竞争已逐渐从初级资源领域、产品市场领域转向贸易——金融联动的综合市场，金属期、现货市场联动性增强，跨市场操纵的风险增大。在此背景下，本书进一步讨论金融与资本市场投机行为中跨期现市场操纵这一非常规突发事件对国家金属资源安全的影响。

1. 跨期现市场操纵对国家金属资源安全影响机理分析

跨期现市场操纵主要分为两种情形：第一种是通过在现货市场拉高或打压现货价格，带动期货价格的上涨或下跌，通过期货多头或空单获得操纵利润。在这种情形下，操纵者主要是通过垄断现货市场供应量，控制可交割库存的方式达到现货升水或贴水，进而实现逼仓来获得超额利润。第二种情形是通过操纵期货市场价格，带动现货市场价格的变化，利用现货销售或现货合同的订单获得超额利润。在这种情形下，主要是国际金融机构及投机者通过商品指数基金及投机持仓等方式影响铜的投机需求，从而能够操纵期货市场的价格走势，再利用期货市场对现货市场的价格引导作用左右现货市场价格走势。图6-9展示了金属跨期现市场操纵的机理，其中①、②分别对应跨期现市场操纵的这两种情形。

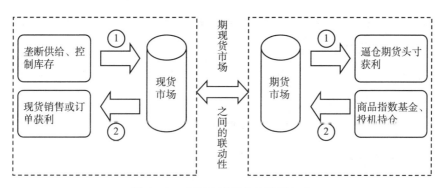

图 6 - 9　金属跨期现市场操纵机理

2. 跨期现市场操纵对国家金属资源安全影响模型构建

根据金属跨期现市场操纵机理分析，同样以铜为例，构建金属跨期现市场操纵系统动力学仿真模型，探索跨市场操纵对金属价格的影响程度和传导路径。相比于 6.3 节非常规突发事件对国家金属资源安全影响系统动力学模型，金属跨期现市场操纵模型增加了期现货市场价格联动子系统，为简化模型、突出重点，忽略了对研究目标影响不大的产能利用率子系统，最终构建了我国金属跨期现市场操纵系统系统动力学模型（如图 6 - 10 所示），其具体的方程设定及参数设置如表 6 - 1 所示。

针对跨期现市场操纵机理分析的两种主要情形，本书设计了三种仿真情景：现货市场操纵、期货市场操纵和期现货市场同时操纵。通过观察期、现货市场铜价相对基准水平（没有进行价格操纵下的情景）的变化来反映操纵对铜价的影响程度及影响路径。由于期货和现货市场的价格联动机制，铜现货价格与期货价格走势基本相同，相同历史时点的价格也相差不多，为简洁起见，后文的分析中仅考虑操纵对铜现货价格的影响。在现货市场操纵情形中，本书通过操纵供应量进而控制库存，通过观察铜现货价格相对基准价格水平的波动幅度来反映现货市场操纵对铜价的影响程度。在期货市场操纵情景中，假设国际基金组织和投机者通过控制基金持仓的变化进而改变投机需求来操纵铜价。在期现货市场同时操纵情境中，在现货市场通过操纵供应量，同时在期货市场上通过操纵持仓量来影响投机需求，从而共同影响铜价。由于价格操纵过程通常来说是中短期过程，因此通过引入单脉冲函数（PULSE 函数），给供应量和持仓量一个短期冲击来模拟中短期的价格操纵过程，通过观察此时铜价相对基准水平的变化幅度来判断操纵的力度及影响程度。

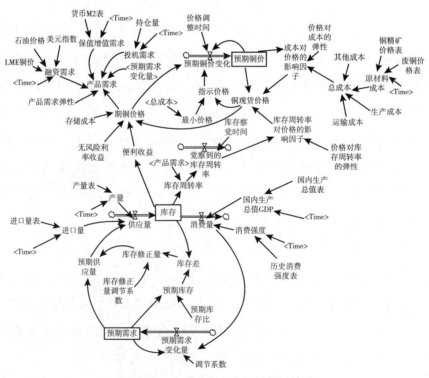

图 6 – 10　金属跨期现市场操纵系统流

表6－1　　　　　　　　　　　主要变量及参数设定

序号	变量	单位	数据出处/运算公式
1	库存	吨	INTEG(供应量 – 消费量, 51 343)
2	成本对价格的影响因子		1 + 价格对成本的弹性×(总成本/预期铜价 – 1)
3	供应量	吨	IF THEN ELSE(产量 > 预期供应量, 预期供应量, 产量 + 进口量)
4	预期需求变化量	吨	调节系数×(消费量 – 预期需求)
5	产品需求	吨	期铜价格^(– 产品需求弹性) + 0.8×投机需求 + 融资需求 + 0.5×预期需求变化量
6	库存修正量	吨	库存差×库存修正量调节系数
7	库存周转率		库存/产品需求
8	原材料成本	元	(0.15×废铜价格表(Time) + 3.2×铜精矿价格表(Time))×7
9	库存周转率对价格的影响因子		(觉察到的库存周转率)^价格对库存周转率的弹性
10	库存差	吨	预期库存 – 库存
11	总成本	元	其他成本 + 原材料成本 + 生产成本 + 运输成本
12	投机需求	吨	持仓量(Time)
13	指示价格	元	MAX(铜现货价格, 最小价格)
14	最小价格	元	总成本
15	期铜价格	元	铜现货价格×EXP(无风险利率收益 + 存储成本 – 便利收益)
16	消费强度	吨/元	历史消费强度表(Time)
17	消费量	吨	国内生产总值GDP×消费强度
18	融资需求	吨	0.1×美元指数(Time) + 0.001×LME铜价(Time) + 石油价格
19	觉察到的库存周转率		SMOOTHI(库存周转率, 库存察觉时间, 2)

续表

序号	变量	单位	数据出处/运算公式
20	铜现货价格	元	库存周转率对价格的影响因子 × 成本对价格的影响因子 × 预期铜价
21	预期供应量	吨	预期需求 + 库存修正量
22	预期库存	吨	预期需求 × 预期库存比
23	预期铜价	元	INTEG(预期铜价变化, 45 431)
24	预期铜价变化	吨	(指示价格 − 预期铜价 × 0.5 − 期铜价格 × 0.5)/价格调整时间
25	预期需求	吨	INTEG(预期需求变化量, 275 052)
26	价格调整时间	秒	0.5
27	价格对成本的弹性		0.98
28	调节系数		0.9
29	库存修正量调节系数		0.5
30	产品需求弹性		0.3
31	价格对库存周转率的弹性		− 0.25

通过对历年的价格操纵案件进行归纳总结，发现只要价格操纵者（多为国际机构投资者）拥有雄厚的资金优势和信息优势，就可以凭此在市场任意时点根据自己的需要左右市场价格走势，获得超额利润。因此本书任选 2006 年 1 月至 2016 年 6 月期间一时点作为价格操纵开始的时刻。不妨假设操纵者于 2010 年 12 月对铜价进行操纵，模型运行到 2018 年 6 月，在此基础上将 2006 年 1 月至 2018 年 6 月各月仿真结果与基准情景进行对比，以此探索跨期现市场操纵对铜价的影响程度和影响路径。

3. 跨期现市场操纵对国家金属资源安全影响结果分析

（1）铜现货市场操纵

在现货市场上，由于供应量主要是由产量决定，因此本书系统仿真通过控制产量来模拟现货市场操纵情景。首先对产量引入 PULSE 单脉冲函数，即对产量产生一个短期冲击来模拟中短期的价格操纵过程。假设价格操纵过程开始于 2010 年 12 月，操纵持续 2 个月。Current1 对应没有进行价格操纵的基准情景，Current2、Current3、Current4、Current5 分别对应垄断者对现货市场操纵使得在操纵期的铜产量下降 20%、50% 以及上升 20%、50% 的情景，仿真结果如图 6 – 11 所示。

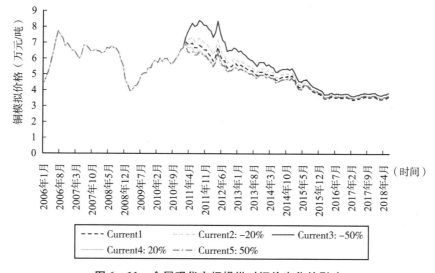

图 6 – 11　金属现货市场操纵对铜价变化的影响

操纵者通过控制市场供应量，使铜供应量大幅减产，导致市场供不应求，从而引起铜价上涨。通过给产量一个负向短期冲击来模拟这一操纵过程（Current2、3），仿真结果表明，此时铜价相比基准情景均有显著上升，短期冲击（操纵）过后，铜价逐渐趋于基准情景，但对铜价的影响会持续较长时间；相反，对于操纵者通过垄断市场供应量，使产业集中度增加，实现规模化生产，使铜市场供过于求，从而使铜价下降的情景（Current4、5），本书通过给产量一个正向冲击来模拟这一操纵过程，仿真结果表明，此时虽然铜价相对基准情景有所下降，但下降幅度相对上一种操纵过程明显减弱，且短期冲击（操纵）过后对铜价影响的持续时间也相对较短。接下来将从市场操纵对铜价的变化幅度和影响路径两个方面分别做具体分析。

从铜价的变化幅度分析。具体来看，对于操纵者使铜供应量大幅减产的情景，在 2010 年 12 月和 2011 年 1 月操纵产量使其下降 20% 后（Current2），铜价从 2011 年 2 月开始较基准水平上升，说明从开始操纵到最终铜价变化经过了一定的时间延迟。这是因为操纵过程最终反映到铜价变化需要一定的时间。相对于基准水平，铜现货价格从 2011 年 2 月开始变化，变化幅度先增大后逐渐减小。2011 年 2 月铜价上涨幅度为 1.22%，之后上涨幅度逐渐增大，到 2012 年 1 月上涨幅度达到最大值 7.10%，随后铜价逐渐回落，至 2015 年 3 月之后涨幅基本控制在 3% 以内。类似的，假设操纵者进一步使产量下降，比如降低到原产量的一半（Current3），则铜价相对基准水平上涨幅度显著增大，涨幅从 2011 年 2 月的 3.19% 逐渐增大至 2012 年 1 月的 25.92%，随后铜价逐渐回落至涨幅 7% 左右。相反，假设操纵者意图垄断市场，通过使供应量大幅增产来操纵铜市场，Current4 情景对应操纵者在 2010 年 12 月和 2011 年 1 月操纵铜产量上升 20%，可以看到铜价从 2011 年 2 月开始较基准水平下降，且下降幅度先增大后逐渐回升至基准水平。开始较基准水平下降幅度为 1.15%，后降幅逐渐增大到 2012 年 1 月的 5.22%，随后降幅逐渐回升，至 2015 年 6 月基本回升至基准水平后铜价又反向小幅上涨，且最终稳定在涨幅 2.2% 附近。类似的，假设极端操纵情境下，操纵者进一

步加强市场垄断力度，增加产业集中度，实现规模化生产，使产量增加
到原产量的150%时（Current5），此时铜价较基准水平有所下降，下降
幅度从2011年2月的2.75%增大至2012年1月的6.04%，随后下降幅
度逐渐趋于0后又反向上升，最终稳定在增幅2%左右。通过图6-11和
以上分析，现货市场操纵通过垄断供应量、控制库存的方式不仅在操纵
期内对铜价有较大影响，操纵期结束后对铜价的影响仍然会持续较长时
间。此外，当操控产量相同的变化水平，操纵产量下降时导致铜价上升
的幅度明显大于操纵产量上升时引致铜价下降的幅度。说明操纵者通过
使产量大幅减产，减少铜市场供应量，导致市场供不应求，从而使铜价
大幅上涨获得操纵利润的方式比通过使产量大幅增产操控铜价下降的方
式要有效得多。

（2）期货市场操纵

在期货市场上，投机因素一直是影响铜价波动的重要因素。有学者
认为寡头垄断及市场操纵行为是影响铜价上涨的重要原因，在制度上的
缺失也会给投机者更多操纵铜价的机会，同时商品指数基金的进入及交
易规模的日益增长都给了操纵者可乘之机。本书假设在铜期货市场上投
机者试图操纵市场，使得交易规模大幅波动，持仓量是期货交易的重要
指标，可以衡量交易规模的大小。本书假设投机者通过操纵持仓量来影
响投机需求，进而影响产品需求，从而达到操纵铜价的目的。首先对期
货市场持仓量引入PULSE单脉冲函数，给持仓量一个短期冲击来模拟中
短期的价格操纵过程，通过观察铜现货价格的变化来反映期货市场操纵
对铜价的影响程度。假设期货市场操纵过程开始于2010年12月，操纵
持续3个月。Current1对应没有进行价格操纵下的基准情景，Current2、
Current3、Current4、Current5分别对应使得持仓量下降20%、50%以及
上升20%、50%的情景，仿真结果如图6-12所示。

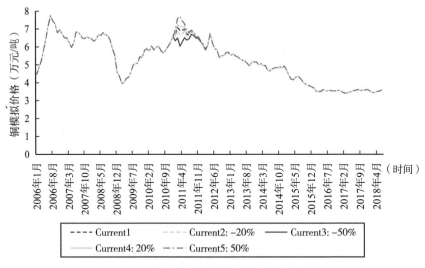

图 6 – 12　金属期货市场操纵对铜价变化的影响

　　仿真结果表明，降低持仓量规模，则在操纵期内铜价相比基准情景有显著下降的趋势，但操纵期结束后铜价也迅速回升至基准水平；同样，提高持仓量规模，将使得铜价在操纵期内相比基准情景有显著上升的趋势，但操纵结束后铜价迅速回落至基准水平。说明期货市场的操纵只能在短期内对价格造成巨大波动，但对铜价的影响持久性不强，操纵力度有限。接下来将从市场操纵对铜价的变化幅度和影响路径两个方面分别做具体分析。

　　从变化幅度来看，Current2 对应在 2010 年 12 月投机者操纵持仓量降低 20%，持续操纵 3 个月的情景。此时，铜价在 2011 年 1 月相比基准水平下降 1.53%，至 2011 年 3 月下降幅度达到 3.99% 后逐渐回升，到 2013 年 5 月基本回升至基准水平。可见铜现货价格相对基准价格从 2011 年 1 月开始下降，下降幅度先增大后迅速减小，到 2013 年 5 月后期货市场操纵的影响已基本为 0。类似的，假设操纵者进一步使持仓量降低到原持仓量的一半（Current3），则铜价相对基准水平从 2011 年 1 月降幅

5.09%迅速增大至2011年3月的12.76%，随后铜价迅速回落，到2013年9月回落至基准水平。相反，假设操纵者使持仓量在2010年12月提高20%，持续操纵3个月（Current4），则铜价在2011年1月相对基准水平上升1.14%，至2011年3月上升幅度达到3.16%后迅速回落，到2013年7月回落至基准水平。假设进一步增大持仓量规模，让持仓量增至原有水平的150%（Current5），则2011年1月铜价相对基准水平上涨3.83%，至2011年3月涨幅达到11.39%后迅速回落，到2013年8月回落至基准水平。从以上分析可以看出，在操纵持仓量相同的变化水平下，持仓量下降时铜价的下降幅度略微大于持仓量上升时铜价的上涨幅度，且操纵影响时间较短。

（3）期现货市场同时操纵

现货市场操纵主要是通过垄断现货市场供应量，从而控制库存，利用现货市场的供求规律操纵铜价；而期货市场操纵则主要利用投机因素通过操纵基金持仓等来影响铜市场价格。现在假设操纵者不仅在现货市场上通过垄断供应量来操控铜价，同时在期货市场利用投机因素操纵期货价格，进而利用期货和现货市场的价格联动性操纵铜市场价格。针对期现货市场同时操纵的情况，本书同样设置了四种情景来模拟仿真此时跨期现市场操纵对铜价的影响程度和影响路径。首先对现货市场产量和期货市场基金持仓量同时引入 PULSE 单脉冲函数，对产量和持仓量在2010年12月同时产生一个短期冲击来模拟中短期的价格操纵过程，通过观察铜现货价格的变化来反映此种情况下价格操纵对铜价的影响程度。其中，Current1 对应没有进行价格操纵的基准情景，Current2 对应操纵期内产量降低20%同时持仓量提高20%的情景，Current3 对应操纵期内产量降低50%同时持仓量提高50%的情景，Current4 对应操纵期内产量提高20%同时持仓量下降20%的情景，Current5 对应操纵期内产量提高50%同时持仓量下降50%的情景，具体的仿真结果如图6-13所示。

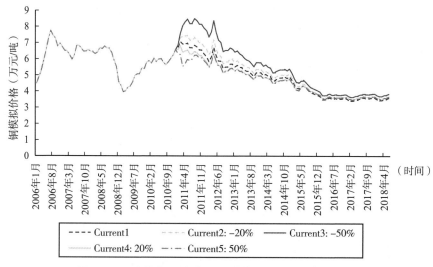

图 6－13　金属期现货市场同时操纵对铜价变化的影响

　　仿真结果表明，在价格操纵期内铜价波动幅度相比基准情景都有显著上升或下降的趋势，操纵期结束后铜价逐渐趋于基准水平，与现货市场操纵的价格波动规律类似。但相比之下，期现货市场同时操纵的影响强度更大，持续时间也更长。以 Current5 为例，当在操纵期内现货市场增产50%，同时期货市场持仓量降低50%时，铜现货价格相对基准价格从 2011 年 1 月开始下降，下降幅度为 5.08%，下降幅度先增大，至 2011 年 4 月下降幅度增至 20.01%，后逐渐回升，至 2015 年 6 月基本趋于基准水平后略微有所上升。相比仅在现货市场的操纵情景（Current5），同样是操纵期内现货市场增产 50%，此时铜现货价格从 2011 年 2 月才开始下降，初始下降幅度仅为 2.75%，降幅增大至 2011 年 5 月的 8.38% 后逐渐回升，至 2015 年 6 月基本趋于基准水平后略微有所反向上涨。而相比于仅在期货市场的操纵情景（Current3），同样是持仓量降低 50%，铜价从 2011 年 1 月开始下降，下降幅度与期现货市场同时操纵情景下的幅度相同（均为 5.08%），随后下降幅度增大至 2011

年 3 月的 12.75% 后迅速回升至基准水平，于 2011 年 12 月基本回升至基准水平。由此可见，期现货市场同时操纵对铜价的影响相比上述两种操纵情景的影响程度更大，持续性更长。

可见，金属跨期现货市场操纵可以通过垄断供应量、控制库存，通过现货价格影响期货价格，也可以利用投机因素操纵铜期货价格，进而影响现货价格。跨期现市场操纵的三种仿真情景表明，此时对铜价的影响相比单市场价格操纵情景对铜价的影响程度更大，持续性也更长。

4. 跨期现市场操纵预警

金属跨期现市场操纵在一定程度上令现货或者期货价格发生扭曲，且风险易在不同市场之间交叉传染，从而引发系统性风险，因此有必要对金属跨期现市场操纵预警进行研究。跨期现市场操纵的多市场联动特征使得操纵预警很难找到合适的量化方法。本书首次将在质量工程领域具有重要应用的质量功能展开（Quality Function Develop，QFD）方法引入跨市场操纵预警研究中，提出了基于 QFD 的金属跨期现市场操纵预警模型。实际上，基于 QFD 理论，结合跨期现市场操纵的特点，可将"建立公平、干净、高效的市场需求"视为"顾客需求"，将该需求映射到"防范跨期现市场操纵"这一功能技术特性上，把市场需求与防范跨期现市场操纵措施进行结构化关联，即可构建跨期现市场操纵预警模型。采用矩阵形式分解和量化各种预警指标（措施）之间的关系，找出操纵预警的关键指标和关键措施，并对这些关键指标和措施优先重视和监管，从而为防范我国金属跨期现市场操纵，建立公平、干净、高效的市场提供有益参考。

基于 QFD 的金属跨期现市场操纵预警模型以建立公平、干净、高效的期、现货市场需求为导向，把该需求转化成跨期现市场操纵预警的要求。该模型的核心组成部分是预警质量屋，其量化了市场需求与防范跨期现市场操纵这一产品质量特性之间的关系。通过文献检索等方法，归纳出一级需求（建立公平、干净、高效的市场）包括市场流动性强、市场波动率低、市场法规及监管制度健全、市场信息对称与畅通、市场投资者结构合理、市场风险防范能力强等需求指标。在运用系统动力学对操纵机理分析的基础上，提炼出跨期现市场操纵预警的具体的、可操作和可量化的关键指标：持仓量、成交量、供应量、基差、收盘价等，形成跨期现市场操纵实时监控预警指标体系，与跨市场监管制度建设、信息披露制度建设、投资者结构优化、跨市场信息交流机制建设、风险防范体系建设及金属市场仓储制度建设等措施共同构成了防范金属跨期现市场操纵的产品质量特性。根据跨期现市场操纵机理的分析，结合实际经验和理论分析，编制了"市场需求"与"防范跨期现市场操纵"这一产品质量特性的相关关系表，量化这两者之间的关系，基于改进的 QFD 的金属跨期现市场操纵预警模型展开运算，计算了防范跨期现市场操纵的预警指标体系与相关措施之间的相对重要度（如表 6 - 2 所示）。

由表 6 - 2 的模型输出结果可知，防范跨期现市场操纵这一产品质量特性指标的相对重要度从高到低依次为：跨市场预警指标体系建设（18.97%）、跨市场风险防范体系建设（16.72%）、跨市场监管制度建设（15.34%）、跨市场信息交流机制建设（15.17%）、信息披露制度建设（14.14%）、金属市场仓储制度建设（12.59%）、投资者结构优化（7.07%）。因此，防范金属跨期现市场操纵的关键指标为：跨市场预警指标体系建设、跨市场风险防范体系建设、跨市场监管制度建设及跨市场信息交流机制建设。由此可见，实时监控持仓量、交易量、供应量、基差、收盘价等指标可有效预警金属跨期现市场操纵，同时还需尽快建立完备的金属跨市场风险防范及监管体系，完善金属跨市场信息交流机制建设及加强对信息披露的监管等。

表 6－2　　　　　　　　　金属跨期现市场操纵预警质量屋模型

质量特性 ＼ 市场需求	重要性	跨市场预警指标体系建设	跨市场监管制度建设	信息披露制度建设	投资者结构优化	跨市场信息交流机制建设	跨市场风险防范体系建设	金属市场仓储制度建设
市场流动性强	2	9	1	5	2	7	—	7
市场波动率低	4	9	5	3	1	5	7	5
市场法规健全	3	—	5	3	—	3	3	3
市场监管完善	3	5	9	3	—	1	5	5
市场信息对称与畅通	3	2		9	3	9	—	—
市场投资者结构合理	1	—			9	—	—	—
市场风险防范能力强	5	7	5	3	3	3	9	3
质量特性指标	对持仓量、成交量、供应量、基差以及收盘价等进行实时监控	保持高压态势，加强事前监管、加大处罚力度	加强对信息披露的监管，增强市场透明度	加强对投资者的教育及风险警示，优化投资者结构	构建跨市场定期交流、互通信息的数据收集共享机制	增强风险意识，提升跨期现市场风险防控水平	依据仓储量调整"出货率"、限制仓储公司收取租金额度等手段
质量特性重要度	110	89	82	41	88	97	73
相对重要度（％）	18.97	15.34	14.14	7.07	15.17	16.72	12.59

四、本章小结

本章首先在压力—状态—响应（PSR）模型解析非常规突发事件对国家金属资源安全影响机理的基础上，构建了非常规突发事件对国家金属资源安全影响的因果回路图和系统动力学模型。其次，针对自然灾害、地缘政治、重大矿难与环境污染、资源民族主义等非常规突发事件对国家金属资源安全造成的直接影响情景和金融与资本市场投机行为对国家金属资源安全造成的间接影响情景，分别设计了相应的系统动力学仿真情景，分析并比较这两大类非常规突发事件造成金属资源价格剧烈波动的影响程度和传导路径。最后，针对金融化程度的不断提高使得金属期、现货市场联动性增强的现状，进一步讨论了金属跨期现市场操纵这一非常规突发事件对国家金属资源安全的影响。

第七章

研究结论与政策建议

第一节 研 究 结 论

随着资源供需矛盾的加剧，发达国家不断通过军事干预、政治渗透、贸易控制、技术研发等影响世界资源供需格局，资源民族主义冲突加剧，海上运输海盗滋扰事件频发、国际恐怖主义猖獗、宗教冲突不断，这些复杂且难以预测的突发事件对我国金属资源安全造成重大影响。在此背景下，本书首先从历史上发生的威胁国家金属资源安全的非常规突发事件出发，根据风险源的不同对金属资源突发事件进行了归类，并分析其特征，在此基础上，运用压力—状态—响应（PSR）模型对非常规突发事件影响机理进行阐述；然后基于 PSR 的分析框架，从压力、状态和响应三个维度建立了金属资源非常规突发事件风险分析模型，采用云参数贝叶斯网络模型，以我国铁矿石海上通道突发事件为例，对金属资源非常规突发事件风险进行动态评估；最后，构建了非常规突发事件对国家金属资源安全影响的系统动力学模型，探索不同类型非常规突发事件对国家金属资源安全影响程度和传导路径。本书研究主要回答了我国当前面临的威胁国家金属资源安全的非常规突发事件有哪些，其影响机理是什么，发生的风险有多大，对国家金属资源安全影响有多大等关键问题。研究主要得出如下结论：

（1）金属资源领域的非常规突发事件根据风险源的不同归纳为五类：重大矿难及环境污染事件、自然灾害事件、地缘政治事件、资源民族主义事件，以及金融与资本市场投机行为。不同类型的非常规突发事件特征属性不一，即使属于同一类型的非常规突发事件也是如此，因此难以建立统一的金属资源非常规突发事件案例特征属性分析框架；金属资源非常规突发事件具有以下共性特征：罕见性、不可预测性、衍生性与后果严重性。

（2）非常规突发事件对国家金属资源安全影响机理可以由压力—状态—响应（PSR）模型解释。即重大矿难与环境污染事件、地缘政治事件、资源民族主义事件和自然灾害事件等非常规突发事件导致金属资源短期内处于"买不到、运不进、成本高"及"生态破坏"，而金融与资本市场投机事件等非常规突发事件导致短期内资源"成本高"，这些外部"压力"导致金属资源短期内供给失衡甚至供给中断，最终造成资源价格大幅波动的"状态"，引发经济危机，对国家生产、经济及社会安全造成严重影响，因此政府、企业和个人联合起来进行"响应"，采取应急决策来缓解非常规突发事件对国家金属资源安全造成的影响，从而构成了非常规突发事件对国家金属资源安全影响的压力—状态—响应（PSR）关系。

（3）对金属资源非常规突发事件的风险评估可以基于压力—状态—响应分析框架选取具体量化指标进行突发风险的动态评估。对我国铁矿石海上通道突发事件风险的动态量化评估结果表明：我国铁矿石海上通道突发事件风险基本处于高风险等级，从 2007 ~ 2017 年我国铁矿石海上通道突发事件风险有先增大后降低的趋势。对非常规突发事件风险评估的仿真实验可以指导相关应急机构根据新掌握的证据推断所处风险级别，从而快速制定应急决策，降低突发风险。

（4）鉴于非常规突发事件对国家金属资源安全影响构成了压力—状态—响应的因果反馈关系链，恰好可以运用系统动力学模型从内部机制出发，探索非常规突发事件对国家金属资源安全影响的因果反馈关系，分析非常规突发事件对国家金属资源安全影响大小及传导路径。系统有效性和仿真结果表明，本书所构建的非常规突发事件对国家金属资源安全影响的系统动力学模型是有效的。

（5）自然灾害、地缘政治、资源民族主义、重大矿难及环境污染等非常规突发事件导致资源进口国或资源生产国在事故发生期内进口量或产量大幅减少时，可引起金属价格立即上涨后逐渐回落至基准水平。这些非常规突发事件是通过影响库存对金属资源价格造成直接影响，导致金属价格大幅波动且影响过后对资源价格的影响仍然会持续较长时间。

（6）金融与资本市场投机行为导致在事件发生期内持仓量大幅变动时会引起金属价格立即上涨或下跌，至最大波幅后迅速回落（升）至基准水平。金融与资本市场投机事件通过改变投资者的投机需求间接影响金属资源价格，对金属资源价格的影响相对较小，且投机事件过后迅速趋于基准水平。

（7）金属跨期现市场操纵主要有两种情形：第一种通过垄断现货市场供应量、控制库存达到现货升水或贴水，通过现货价格影响期货价格；第二种通过商品指数基金或投机持仓影响铜投机需求，通过操纵铜期货价格影响现货价格。金属跨期现市场操纵的三种仿真情景表明，此时对铜价的影响相比单市场价格操纵情景对铜价的影响程度更大，持续性也更长。

第二节 政策建议

鉴于非常规突发事件的难预测、复杂性、突发性特征，次生衍生情况多，如何积极有效地应对非常规突发事件，实现快速高效的金属资源风险管理是亟须解决的首要难题，对此提出以下政策建议。

一、加强我国金属资源非常规突发事件应急体系建设

目前我国针对非常规突发事件的应急管理体系更多是针对公共危机事件的应对和处理，而对于资源领域非常规突发事件的应急管理，也更多针对石油等能源资源领域，形成了较为完备的能源战略储备和商业库存体系、应对资源短缺的成品油供应体系等应急措施和预案，但对于金属资源非常规突发事件应急体系的研究还很少。中国目前在应对金属资源非常规突发事件危机中存在应急响应缺乏制度保障和政策依据；应急体系组织化、协同化、信息化程度不高；金属资源应急储备体系尚未建立；应急监测预警不力等不足。鉴于此，加强我国金属资源非常规突发事件应急体系建设，提出构建由应急法规体系、信息发布体系、应急预案体系、监测预警体系、应急组织体系、应急储备体系、供应动态评估体系和应急演练体系共八部分组成的国家金属资源非常规突发事件应急体系的设想（如图 7 - 1 所示）。

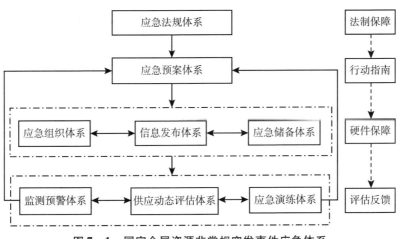

图7-1 国家金属资源非常规突发事件应急体系

国家金属资源非常规突发事件应急体系的八个部分相互联系、相互影响，构成一个整体，共同发挥金属资源非常规突发事件应急功能。其中，应急法规体系是基础，为金属资源非常规突发事件其他体系的正常运作提供法制保障；应急预案体系是根据非常规突发事件的演变机理及实际情势变化而制定的详细应急规划和安排，为金属资源非常规突发事件应急提供行动指南；应急组织体系、信息发布体系和应急储备体系是金属资源非常规突发事件应急响应的组织保障、信息保障和资源保障，为金属资源非常规突发事件应急提供硬件保障；监测预警体系、供应动态评估体系和应急演练体系是对非常规突发事件应急响应效果的监督、评价与反馈，为金属资源非常规突发事件应急提供动态评估和反馈。总之，构建以多层级、多部门、多主体的非常规突发事件应急管理体系，并针对自然灾害、地缘政治、资源民族主义、重大矿难与环境污染，以及金融与资本市场投机行为等具体类型的非常规突发事件形成基于"情景—任务—能力"的策略库。

二、建立金属资源非常规突发事件风险动态评估机制

非常规突发事件由于其突发性和复杂性，难以预测且具有大量的动态信息，这就需要组建专门的突发事件应急管理小组，加强与自然资源部、中国地质调查局、中国有色金属协会等政府和协会管理部门、中国铝业、中国五矿等矿业企业，以及气象局、地震局等部门的合作，定期去大型矿业企业调研和访谈，及时了解金属资源的供需情况，预测可能出现的突发情况，形成系统、全面、协调的突发事件风险管控体系。根据不同工业发展阶段和新形势、新特征，定期更新和调整金属资源突发事件风险评估体系，动态评估不同金属品种的突发风险。此外，建立金属资源应急分类管理的常态化机制，根据不同金属矿种应对突发风险及脆弱性的评估结果，对金属资源进行分类管理，确定金属资源的战略等级。优先建立抗风险能力差的战略性紧缺金属的应急管理系统，严格限制其开采总量，加强资源循环利用及替代性资源的开发，以保证其应急供应能力。

三、建立有效的金属跨期现市场联动预警机制

经济新常态下各个资源市场之间联动性的增强使得金属跨期现市场操纵的风险增大，对此，建立有效的金属跨期现市场联动预警机制，对金属资源期货市场的持仓量、成交量、供应量、基差、收盘价等关键指标进行实时监测，及时取得市场交易的动态信息，建立价格异常波动紧急报告制度，设定合理的价格波动区间，避免价格大起大落，建立并完善期现货市场价格异常波动预警机制，平抑价格剧烈波动，制定合理的平抑价格波动的方法。在不同时段建立最高和最低库存制度，有效应对

金属资源跨期现市场操纵行为。此外，对我国已有的金属资源市场监测体系、预警体系、资源储备情况、价格剧烈波动的平抑机制及应急预案的启动机制等进行定期评估和调整，对其应对突发事件的有效性进行科学动态评估。

四、尽快启动金属资源应急储备建设

国际经验表明，战略资源储备是应对突发性资源短缺最直接有效的手段。自然灾害、地缘政治、资源民族主义、重大矿难与环境污染等非常规突发事件导致金属资源"买不到、运不进、成本高"，从而造成金属资源供应失衡甚至供应中断，为了有效防范此类突发危机，应积极进行战略储备，并根据以往经验和国情建立合适的储备规模；实行国家储备与商业储备相结合，基本储备（非战略需要不能动用）与调节储备（突发平衡需要、季节平衡需要、进口平衡需要）相结合，细化储备方案，明确我国紧缺金属的储备主体、储备类别和储备地点，测算紧缺金属的储备量，优化释放程序。此外，完善国家金属资源储备机制法制建设，尤其是对铁矿石等紧缺金属及战略性稀有金属需要制定相关法律，使中国维持一定规模的战略金属资源储备，优化储备地点和储备结构，保证在发生非常规突发事件时能及时有效地释放金属资源储备，增强我国应对突发性金属资源短缺的应急干预能力。

五、拓展境外资源的供应渠道

实施全球资源战略布局，拓展战略紧缺金属境外供应渠道。以战略性矿产铁、铬、铜、铝、金、镍、钨、锡、钼、锑、钴、锂、稀土、锆为重点，综合运用金融、外交等手段，积极进行海外资源基地布局，实现金属资源的合理配置。如在资源丰富的非洲地区，通过经济、政治、技术合作等手段实现"资源共享"，同时为我国矿业公司打开市场；在矿业发展程度高的澳洲、南美洲，实施"协作求发展"战略；在地缘邻近的中亚、南亚地区，通过"一带一路"建设，实施"基础设施换资源"战略，并积极开通陆上资源运输通道，缓解海上运输通道压力，不断扩展境外资源的获取能力，积极进行海外资源布局。此外，建立境外矿产资源勘查开发指导制度，积极搭建金属资源勘查的相关信息平台，建立境外风险勘查基金及境外矿产勘查开发保险制度，使"走出去"风险降到最低。

第三节　研究展望

本书从国家金属资源安全管理中的非常规安全视角出发，对非常规突发事件影响机理进行分析，从压力、状态、响应三个维度对金属资源非常规突发事件风险进行动态评估，并以我国铁矿石海上通道突发事件为例，对风险评估方法进行说明。在此基础上，基于系统动力学方法分析了非常规突发事件对国家金属资源安全影响程度和传导路径，最后提出相应的政策建议。但关于国家金属资源安全管理中非常规突发事件影响研究，其深度和广度还有继续拓展的空间，还有一些问题值得深入研究。为此，本书提出以下几点展望：

（1）基于空间视角动态评估我国金属资源非常规突发事件风险。由于数据和信息获取限制，本书只是给出了动态评估金属资源非常规突发事件风险的方法并以我国铁矿石海上通道突发事件为例动态评估了其突发事件风险。后续研究将会继续基于空间视角对我国金属资源非常规突发事件风险进行评估。同样以我国铁矿石海上通道突发事件为例，对我国铁矿石海上通道所经过的国家分别进行风险评估，判别周边国家的风险等级，绘制我国铁矿石海上通道安全风险区划示意图，直观清晰地展示哪些周边毗邻国家处于高风险等级，从而需要重点防范，及时进行资源战略调整和科学有效地应对我国金属资源非常规突发风险。

（2）在系统动力学模型仿真中，进一步细化非常规突发事件的类型。本书基于系统动力学模型设置非常规突发事件仿真情景时，仅将非常规突发事件按照演化机理分析最终归纳为两类：自然灾害、地缘政治、重大矿难与环境污染、资源民族主义等非常规突发事件对国家金属资源安全造成的直接影响，以及金融与资本市场投机事件对国家金属资源安全造成的间接影响。事实上，正如第3.3节对非常规突发事件特征分析中所言，不同类型的非常规突发事件特征属性不一，即使属于同一类型的非常规突发事件也是如此，如同属于自然灾害事件的地震和洪水，其特征属性也是不一样的。因此，后续研究可以在模型构建和非常规突发事件仿真情景的设置中，进一步细化非常规突发事件的类型。

（3）分析重大技术变革或新技术革命对我国金属资源安全的冲击影响。在新一轮科技革命和产业变革冲击下，全球金属资源供需格局发生重大变化，新一轮技术革命以信息化为标志，从替代、节约、应用拓展、循环等多个方面对国家金属资源安全造成巨大冲击，因此有必要分析重大技术变革这一非常规突发事件对国家金属资源供需结构及价格波动的冲击影响。此外，战略性稀有金属突发危机对国家新材料制造及新技术实施也会产生巨大冲击。因此，针对战略性稀有金属矿种，在我国工业化中后期产业转型和新技术革命的背景下，需进一步评估战略性稀有金属供应危机（紧缺）对国家新材料制造、新能源开发及智能制造技术实施的冲击和影响程度，如《中国制造2025》战略的关键基础材料和核心基础零部件（元器件）等新材料、高效照明及燃料电池等新能源，以及3D打印技术实施等。

直接压力条件概率表（CPT）

海盗袭击数量	海盗武器装备	海盗袭击人数	海盗事件成功率	直接压力（%）		
				L	M	H
L	L	L	L	83.65	13.63	2.72
L	L	L	M	53.10	45.68	1.22
L	L	L	H	32.69	32.94	34.37
L	L	M	L	53.10	45.68	1.22
L	L	M	M	49.52	50.19	0.29
L	L	M	H	26.26	42.65	31.09
L	L	H	L	35.37	35.28	29.35
L	L	H	M	46.59	8.11	45.30
L	L	H	H	77.79	0.00	22.21
L	M	L	L	48.40	51.60	0.00
L	M	L	M	52.40	47.60	0.00
L	M	L	H	36.66	37.70	25.64
L	M	M	L	49.02	49.25	1.73
L	M	M	M	1.38	98.61	0.02
L	M	M	H	6.02	47.58	46.40

海盗袭击数量	海盗武器装备	海盗袭击人数	海盗事件成功率	直接压力（%）		
				L	M	H
L	M	H	L	29.95	1.88	68.17
L	M	H	M	15.88	42.89	41.23
L	M	H	H	20.39	40.43	39.18
L	H	L	L	53.26	0.00	46.74
L	H	L	M	37.18	26.18	36.64
L	H	L	H	0.00	70.65	29.35
L	H	M	L	46.09	46.37	7.53
L	H	M	M	47.49	51.31	1.20
L	H	M	H	47.50	51.31	1.19
L	H	H	L	45.99	44.86	9.15
L	H	H	M	0.11	56.84	43.05
L	H	H	H	0.00	22.21	77.79
M	L	L	L	39.70	60.30	0.00
M	L	L	M	52.37	20.12	27.51
M	L	L	H	17.16	42.63	40.21
M	L	M	L	40.45	39.37	20.18
M	L	M	M	42.04	41.38	16.57
M	L	M	H	0.09	65.94	33.97
M	L	H	L	46.85	44.70	8.45
M	L	H	M	29.26	40.91	29.83
M	L	H	H	24.54	26.51	48.95
M	M	L	L	50.45	48.87	0.67

续表

海盗袭击数量	海盗武器装备	海盗袭击人数	海盗事件成功率	直接压力（%）		
				L	M	H
M	M	L	M	33.45	39.63	26.92
M	M	L	H	17.63	68.08	14.29
M	M	M	L	4.49	86.13	9.38
M	M	M	M	0.00	70.65	29.35
M	M	M	H	23.27	47.16	29.57
M	M	H	L	5.48	85.14	9.38
M	M	H	M	40.10	42.25	17.65
M	M	H	H	30.69	51.68	17.63
M	H	L	L	17.63	68.08	14.29
M	H	L	M	45.93	49.67	4.41
M	H	L	H	5.48	85.14	9.38
M	H	M	L	39.87	40.39	19.74
M	H	M	M	0.00	63.38	36.62
M	H	M	H	60.96	26.16	12.88
M	H	H	L	40.36	43.00	16.64
M	H	H	M	0.00	18.39	81.61
M	H	H	H	0.00	49.55	50.45
H	L	L	L	50.44	49.56	0.00
H	L	L	M	57.66	39.37	2.97
H	L	L	H	40.36	43.00	16.64
H	L	M	L	49.21	49.03	1.76
H	L	M	M	48.32	51.68	0.00

续表

海盗袭击数量	海盗武器装备	海盗袭击人数	海盗事件成功率	直接压力（%）		
				L	M	H
H	L	M	H	27.55	36.25	36.20
H	L	H	L	11.60	45.14	43.26
H	L	H	M	17.12	41.86	41.02
H	L	H	H	3.83	8.13	88.04
H	M	L	L	18.73	81.27	0.00
H	M	L	M	49.39	50.61	0.00
H	M	L	H	33.59	34.70	31.71
H	M	M	L	2.09	63.20	34.71
H	M	M	M	0.00	51.30	48.70
H	M	M	H	22.80	40.09	37.11
H	M	H	L	17.12	41.86	41.02
H	M	H	M	10.69	70.63	18.68
H	M	H	H	0.21	36.23	63.56
H	H	L	L	8.75	58.91	32.34
H	H	L	M	4.23	48.05	47.73
H	H	L	H	1.63	43.37	55.00
H	H	M	L	46.70	0.01	53.29
H	H	M	M	3.17	48.97	47.86
H	H	M	H	0.00	47.99	52.01
H	H	H	L	9.48	9.48	81.05
H	H	H	M	0.00	48.37	51.63
H	H	H	H	0.00	16.11	83.89

注：L、M、H分别代表低风险、中风险、高风险.

参 考 文 献

[1] 卞曰瑭，何建敏，庄亚明. 基于复杂网络的非常规突发事件的传播演化模型与仿真 [J]. 统计与决策，2011 (4)：22–24.

[2] 曹学艳，段飞飞，方宽等. 网络论坛视角下突发事件舆情的关键节点识别及分类研究 [J]. 图书情报工作，2014，58 (4)：65–70.

[3] 陈晨，俞政，张新梅. 突发事件演化的耗散结构判断模型研究 [J]. 科技管理研究，2015，35 (19)：216–219.

[4] 陈建宏，永学艳，刘浪等. 国家工业化与矿产资源消费强度的相关性研究 [J]. 中国矿业，2009，18 (10)：48–50.

[5] 陈明华，张彦，徐银良等. 金融投机因素对国际油价波动的动态影响分析——基于动态随机一般均衡（DSGE）视角 [J]. 宏观经济研究，2014 (11)：119–126.

[6] 陈明华. 基于金融因素的国际油价波动分析：理论与实证 [J]. 宏观经济研究，2013 (10)：105–113.

[7] 陈其慎，于汶加，张艳飞等. 资源—产业"雁行式"演进规律 [J]. 资源科学，2015，37 (5)：871–882.

[8] 陈秋玲，张青，肖璐. 基于突变模型的突发事件视野下城市安全评估 [J]. 管理学报，2010，7 (6)：891–895.

[9] 陈伟珂，向兰兰. 基于熵及耗散结构的公共安全突发事件的过程分析研究 [J]. 中国软科学，2007 (10)：149–154.

[10] 陈旭. 邮轮港突发事件风险评估与预警体系研究 [D]. 上海工程技术大学，2016.

[11] 谌楠，王恒山，武澎. 基于尖点突变的非常规突发事件网络舆情状态的研究 [J]. 电子政务，2012 (12)：70 – 75.

[12] 成升魁，谷树忠. 新时期中国资源安全透视 [M]. 商务印书馆，2010.

[13] 成升魁. 中国资源报告：资源流动：格局、效应与对策 [M]. 科学出版社，2011.

[14] 程铁军，吴凤平，李锦波. 基于累积前景理论的不完全信息下应急风险决策模型 [J]. 系统工程，2014，32 (4)：70 – 75.

[15] 戴茂华. 中国稀有金属矿产资源开发的生态补偿机制和政策研究 [J]. 生态经济，2013 (10)：134 – 137.

[16] 戴维·R. 马雷斯，赵欣. 拉美的资源民族主义与能源安全：对全球原油供给的意义 [J]. 拉丁美洲研究，2011 (2)：64 – 78.

[17] 董桂才. 我国农产品出口市场结构及依赖性研究 [J]. 国际贸易问题，2008 (7)：16 – 21.

[18] 董艳，李剑峰，王连军等. 基于风险矩阵法与 Borda 排序法对某城区突发事件的风险评估研究 [J]. 安全与环境学报，2010 (4)：213 – 216.

[19] 范维澄. 国家突发公共事件应急管理中科学问题的思考和建议 [J]. 中国科学基金，2007，21 (2)：71 – 76.

[20] 冯彦，郑洁，祝凌云等. 基于 PSR 模型的湖北省县域森林生态安全评价及时空演变 [J]. 经济地理，2017 (2)：171 – 178.

[21] 高航，丁荣贵. 基于系统动力学的网络舆情风险模型仿真研究 [J]. 情报杂志，2014 (11)：7 – 13.

[22] 高湘昀，安海忠，刘红红等. 原油期货与现货价格联动性的

复杂网络拓扑性质 [J]. 物理学报, 2011, 60 (6): 843 - 852.

[23] 高云, 詹慧龙, 陈伟忠等. 自然灾害对我国农业的影响研究 [J]. 灾害学, 2013 (3): 79 - 84.

[24] 耿志祥, 孙祁祥. 金融危机和自然灾害对保险股票市场的影响与溢出效应检验 [J]. 金融研究, 2016 (5): 65 - 81.

[25] 谷树忠, 成升魁. 中国资源报告: 新时期中国资源安全透视 [M]. 商务印书馆, 2010.

[26] 谷树忠, 姚予龙, 沈镭等. 资源安全及其基本属性与研究框架 [J]. 自然资源学报, 2002, 17 (3): 280 - 285.

[27] 谷树忠, 姚予龙. 国家资源安全及其系统分析 [J]. 中国人口·资源与环境, 2006 (6): 142 - 148.

[28] 顾永东. 基于复杂网络的突发事件信息传播模型研究 [J]. 科技管理研究, 2015, 35 (2): 191 - 195.

[29] 郭旦怀, 崔文娟, 郭云昌等. 基于大数据的食源性疾病事件探测与风险评估 [J]. 系统工程理论与实践, 2015 (10): 2523 - 2530.

[30] 郭宁, 郭鹏. 突发事件下闭环供应链的契约协调——基于系统动力学方法 [J]. 系统工程, 2017, 35 (7): 122 - 127.

[31] 韩城, 杨海燕, 马嘉呈. 基于贝叶斯网络的防空作战战损评估模型构建 [J]. 火力与指挥控制, 2018 (2): 36 - 40.

[32] 韩立岩, 尹力博. 投机行为还是实际需求?——国际大宗商品价格影响因素的广义视角分析 [J]. 经济研究, 2012 (12): 83 - 96.

[33] 韩丽, 来海亮, 杨淑慧等. 采用 AHP 模型的北京城市供水突发事件风险评估 [J]. 北京水务, 2009 (6): 36 - 38.

[34] 韩智勇, 翁文国, 张维等. 重大研究计划"非常规突发事件应急管理研究"的科学背景、目标与组织管理 [J]. 中国科学基金, 2009, 23 (4): 215 - 220.

［35］何北军. 沙河矿难对河北铁矿市场的影响［N］. 中国冶金报，2004（5）.

［36］何新，姜广辉，张瑞娟等. 基于 PSR 模型的土地生态系统健康时空变化分析——以北京市平谷区为例［J］. 自然资源学报，2015，30（12）：2057 – 2068.

［37］洪名勇，周欢，刘洪. 自然灾害对贵州省粮食波动的影响研究［J］. 农业现代化研究，2016，37（1）：35 – 42.

［38］胡剑波，吴杭剑，胡潇. 基于 PSR 模型的我国能源安全评价指标体系构建［J］. 统计与决策，2016（8）：62 – 64.

［39］华仁海，仲伟俊. 对我国期货市场价格发现功能的实证分析［J］. 南开管理评论，2002，5（5）：57 – 61.

［40］黄健柏，程慧，郭尧琦等. 金属期货量价关系的多重分形特征研究——基于 MF – DCCA 方法［J］. 管理评论，2013，25（4）：77 – 85.

［41］黄立文. 长江水上交通安全评价指标体系研究［C］. 中国北京：2005.

［42］黄小卜，熊建华，王英辉等. 基于 PSR 模型的广西生态建设环境绩效评估研究［J］. 中国人口·资源与环境，2016（S1）：168 – 171.

［43］季学伟，翁文国，赵前胜. 突发事件链的定量风险分析方法［J］. 清华大学学报（自然科学版），2009（11）：1749 – 1752.

［44］江田汉，邓云峰，李湖生等. 基于秩和比法的突发事件固有风险水平评估［J］. 中国安全生产科学技术，2010（5）：34 – 39.

［45］姜江，李璇，邢立宁等. 基于模糊证据推理的系统风险分析与评价［J］. 系统工程理论与实践，2013（2）：529 – 537.

［46］姜金贵，张鹏飞，付棣等. 群体性突发事件诱发因素及发生机理研究——基于扎根理论［J］. 情报杂志，2015，34（1）：150 – 155.

［47］姜景，张立超，刘怡君. 基于系统动力学的突发公共事件微

博奕论场实证研究 [J]. 系统管理学报, 2016 (5): 868 – 873.

[48] 蒋瑛. 石油期货市场中的投机行为及其对石油期货价格波动的影响研究 [J]. 四川大学学报 (哲学社会科学版), 2014 (1): 121 – 126.

[49] 蒋宇, 兰月新, 刘冰月等. 面向舆情预测的突发事件首发信息风险评估研究 [J]. 图书与情报, 2016 (3): 19 – 27.

[50] 解雪峰, 吴涛, 肖翠等. 基于 PSR 模型的东阳江流域生态安全评价 [J]. 资源科学, 2014 (8): 1702 – 1711.

[51] 靳松, 庄亚明. 基于 H7N9 的突发事件信息传播网络簇结构特性研究 [J]. 情报杂志, 2013 (12): 12 – 17.

[52] 柯赟. 基于动态贝叶斯网络的舆情预测模型研究 [J]. 统计与决策, 2016 (20): 26 – 28.

[53] 李德毅, 孟海军, 史雪梅. 隶属云和隶属云发生器 [J]. 计算机研究与发展, 1995 (6): 15 – 20.

[54] 李纲, 李阳. 情报视角下的城市智慧应急研究——兼谈熵理论的引入 [J]. 图书与情报, 2015 (1): 66 – 71.

[55] 李红霞, 袁晓芳, 田水承. 非常规突发事件系统动力学模型 [J]. 西安科技大学学报, 2011 (4): 476 – 481.

[56] 李宏. 自然灾害的社会经济因素影响分析 [J]. 中国人口·资源与环境, 2010 (11): 136 – 142.

[57] 李健, 张文文, 白晓昀等. 基于系统动力学的应急物资调运速度影响因素研究 [J]. 系统工程理论与实践, 2015 (3): 661 – 670.

[58] 李健行, 夏登友, 武旭鹏. 基于知识元与动态贝叶斯网络的非常规突发灾害事故情景分析 [J]. 安全与环境学报, 2014 (4): 165 – 170.

[59] 李琳琳, 路云飞, 张壮等. 基于云模型的指挥控制系统效能评估 [J]. 系统工程与电子技术, 2018 (4): 815 – 822.

[60] 李鹏飞，杨丹辉，渠慎宁等．稀有矿产资源的全球供应风险分析——基于战略性新兴产业发展的视角［J］．世界经济研究，2015（2）：96－104．

[61] 李鹏飞，杨丹辉，渠慎宁等．稀有矿产资源的战略性评估——基于战略性新兴产业发展的视角［J］．中国工业经济，2014（7）：44－57．

[62] 李润求，施式亮，彭新．煤矿瓦斯爆炸事故演化的突变模型［J］．中国安全科学学报，2008，18（3）：22－27．

[63] 李新春，刘全龙．煤矿瓦斯爆炸事故单危险源风险度量模型研究［J］．统计与信息论坛，2014，29（3）：88－94．

[64] 李异平．以矿难为例论舆论对各种灾难的预警功能［J］．中国社会科学院研究生院学报，2006（3）：136－140．

[65] 李颖，陈其慎，柳群义等．中国海外矿产资源供应安全评价与形势分析［J］．资源科学，2015，37（5）：900－907．

[66] 李勇建，乔晓娇，孙晓晨等．基于系统动力学的突发事件演化模型［J］．系统工程学报，2015（3）：306－318．

[67] 李紫瑶．基于系统动力学的生产应急动员能力模型构建［J］．科技管理研究，2016，36（1）：190－195．

[68] 梁兵兵，白云波，丁毅．重点危化品环境风险评估与突发环境事件风险评估应用分析［J］．油气田环境保护，2016（5）：1－5．

[69] 梁靓，代涛，王高尚．基于供需视角的中国矿产资源国际贸易格局分析［J］．中国矿业，2017，26（9）：53－60．

[70] 刘建．市场基本面、期货投机与国际油价波动——基于SVAR模型的实证分析［J］．经济经纬，2013（6）：125－129．

[71] 刘樑，何雪峰，李仕明．考虑互因子的非常规突发事件关键在线信息挖掘研究［J］．情报杂志，2014，33（10）：25－32．

[72] 刘铁民．事故灾难成因再认识——脆弱性研究［J］．中国安全

生产科学技术，2010，6（5）：5-10.

[73] 刘璇，陈其慎，张艳飞等. 中国铬需求预测及资源供应安全态势分析 [J]. 资源科学，2015，37（5）：933-943.

[74] 刘彦琴，郝晋珉. 区域可持续土地利用空间差异评价研究——以黄淮海平原为例 [J]. 资源科学，2003，25（2）：56-62.

[75] 刘洋，樊治平，袁媛. 突发事件应急响应的多属性风险决策方法研究 [J]. 运筹与管理，2013，22（1）：23-28.

[76] 龙方，杨重玉，彭澧丽. 自然灾害对中国粮食产量影响的实证分析——以稻谷为例 [J]. 中国农村经济，2011（5）：33-44.

[77] 卢小丽，于海峰. 基于知识元的突发事件风险分析 [J]. 中国管理科学，2014，22（8）：108-114.

[78] 陆挺，刘璇，张艳飞等. 基于产业链分析的中国铟锗镓产业发展战略研究 [J]. 资源科学，2015，37（5）：1008-1017.

[79] 马九杰，崔卫杰，朱信凯. 农业自然灾害风险对粮食综合生产能力的影响分析 [J]. 农业经济问题，2005（4）：14-17.

[80] 马也，陈丽萍，宋国明等. 资源民族主义全球状况评价（2013）[J]. 中国矿业，2014，23（4）：7-10.

[81] 麦少芝，徐颂军，潘颖君. PSR 模型在湿地生态系统健康评价中的应用 [J]. 热带地理，2005，25（4）：317-321.

[82] 孟勇. 矿难的贝叶斯分析——基于变点与事件分析结合的方法 [J]. 数理统计与管理，2010（5）：796-804.

[83] 潘伟，王凤侠，吴婷. 不同突发事件下进口原油采购策略 [J]. 中国管理科学，2016（7）：27-35.

[84] 裘江南，刘丽丽，董磊磊. 基于贝叶斯网络的突发事件链建模方法与应用 [J]. 系统工程学报，2012（6）：739-750.

[85] 裘江南，王延章，董磊磊等. 基于贝叶斯网络的突发事件预

测模型 [J]. 系统管理学报, 2011 (1): 98 – 103.

[86] 曲衍波, 朱伟亚, 郧文聚等. 基于压力—状态—响应模型的土地整治空间格局及障碍诊断 [J]. 农业工程学报, 2017 (3): 241 – 249.

[87] 任素婷, 崔雪峰, 樊瑛. 复杂网络视角下中国国际贸易地位的探究 [J]. 北京师范大学学报 (自然科学版), 2013, 49 (1): 90 – 94.

[88] 尚鸿雁. 危险货物运输突发事件机理及风险评估方法集成研究 [D]. 长安大学, 2009.

[89] 宋红玉. 水环境突发事件下的群体行为系统动力学模拟 [J]. 学海, 2015 (4): 118 – 125.

[90] 苏为华, 周金明. 基于云理论的统计信息质量评估方法研究 [J]. 统计研究, 2018, 35 (4): 86 – 93.

[91] 隋颜休, 郭强. 期货市场的投机因素对国际油价波动的影响——基于 2000 ~ 2013 年的结构断点分析 [J]. 宏观经济研究, 2014 (8): 100 – 113.

[92] 孙建滨. 企业产品质量突发事件演化机理及应急决策支持系统构建 [D]. 中国矿业大学, 2016.

[93] 谭小芬, 张峻晓, 李玥佳. 国际原油价格驱动因素的广义视角分析: 2000 ~ 2015——基于 TVP – FAVAR 模型的实证分析 [J]. 中国软科学, 2015 (10): 47 – 59.

[94] 田利辉, 谭德凯. 原油价格的影响因素分析: 金融投机还是中国需求? [J]. 经济学 (季刊), 2015 (3): 961 – 982.

[95] 田依林. 主流网络媒体瞬时传播网络空间结构及其属性研究 [J]. 新闻与传播研究, 2013, 20 (10): 56 – 69.

[96] 汪云甲. 论我国矿产资源安全问题 [J]. 科技导报, 2003, 21 (2): 58 – 61.

[97] 王冰冰, 夏志杰, 于丽萍. 在线社会网络中应急信息共享的

系统动力学仿真研究 [J]. 现代情报, 2015, 35 (1): 42 - 48.

[98] 王昶, 宋慧玲, 左绿水等. 国家金属资源安全研究回顾与展望 [J]. 资源科学, 2017, 39 (5): 805 - 817.

[99] 王德鲁, 孙建滨. 基于行为的企业突发事件演化动力学模型及仿真 [J]. 情报杂志, 2015, 34 (4): 97 - 103.

[100] 王高尚. 后危机时代矿产品价格趋势分析 [J]. 地球学报, 2010, 31 (5): 629 - 634.

[101] 王辉, 马森. 基于 Leaky Noisy Or 模型的民机诊断决策方法研究 [J]. 航空维修与工程, 2017 (1): 59 - 62.

[102] 王健, 肖文杰, 王树文等. 一种改进的基于云模型的效能评估方法 [J]. 火力与指挥控制, 2010, 35 (7): 139 - 142.

[103] 王亮, 王应明, 胡勃兴. 基于前景理论的应急方案动态调整方法 [J]. 控制与决策, 2016, 31 (1): 99 - 104.

[104] 王明喜, 王明荣, 谢海滨等. 博弈视角下我国铁矿石进口价格谈判的长短期均衡 [J]. 管理评论, 2012, 24 (9): 11 - 18.

[105] 王宁, 仲秋雁. 非常规突发事件演化与推演方法 [M]. 科学出版社, 2016.

[106] 王其藩. 高级系统动力学 [M]. 清华大学出版社, 1995.

[107] 王强, 陈俊华. 基于供给安全的我国石油进口来源地风险评价 [J]. 世界地理研究, 2014 (1): 37 - 44.

[108] 王世雄, 徐琪, 郑兴旺. 基于复杂自适应供应网络脆弱性的突发风险研究 [J]. 上海管理科学, 2010, 32 (4): 36 - 39.

[109] 王巍. 基于云参数贝叶斯网络的威胁评估方法 [J]. 计算机技术与发展, 2016, 26 (6): 106 - 110.

[110] 王长峰, 满颖. 基于动态博弈理论的重大工程应急管理决策研究 [J]. 中国管理科学, 2013, 21 (S1): 172 - 176.

[111] 王振兴. 龙江河流域水环境突发事件风险识别与预警研究 [C]. 中国云南昆明，2013.

[112] 王正明，张许静. 稀土资源税对"寡头"国出口市场势力的影响研究 [J]. 经济经纬，2012 (2)：52 – 55.

[113] 魏宏杰，刘锐金. 基于便利收益视角的投机与大宗商品价格波动分析——以天然橡胶为例 [J]. 数学的实践与认识，2016，46 (1)：1 – 11.

[114] 魏一鸣，张林鹏，范英. 基于 Swarm 的洪水灾害演化模拟研究 [J]. 管理科学学报，2002 (6)：39 – 46.

[115] 吴鹏，金贝贝，强韶华. 基于 BDI – Agent 模型的突发事件网络舆情应急响应建模研究 [J]. 现代图书情报技术，2016，32 (Z1)：32 – 41.

[116] 吴倩，谈伟，盖文妹. 基于动态贝叶斯网络的民航突发事件情景分析研究 [J]. 中国安全生产科学技术，2016，12 (3)：169 – 174.

[117] 武佳倩，汤铃，李玲等. 基于系统动力学的危险化学品水污染事件中城市供水危机应急策略研究——以 2005 年吉化爆炸引发哈尔滨水危机为例 [J]. 系统工程理论与实践，2015，35 (3)：677 – 686.

[118] 谢飞，韩立岩. 投机还是实需：国际商品期货价格的影响因素分析 [J]. 管理世界，2012 (10)：71 – 82.

[119] 谢花林，刘曲，姚冠荣等. 基于 PSR 模型的区域土地利用可持续性水平测度——以鄱阳湖生态经济区为例 [J]. 资源科学，2015，37 (3)：449 – 457.

[120] 熊国强，赵昕. 耦合情绪因素的群体性突发事件 SD 模型与演化仿真 [J]. 系统工程，2016 (5)：112 – 120.

[121] 徐凤，朱金福，杨文东. 复杂网络在交通运输网络中的应用研究综述 [J]. 复杂系统与复杂性科学，2013 (1)：18 – 25.

[122] 徐建峰. 从图论和控制论的视角研究生物复杂网络的结构与功能 [D]. 清华大学, 2016.

[123] 徐娟, 章德宾. 生鲜农产品供应链突发事件风险的评估模型 [J]. 统计与决策, 2012 (12): 41 – 43.

[124] 许传华, 任青文, 李瑞. 围岩稳定的熵突变理论研究 [J]. 岩石力学与工程学报, 2004 (12): 1992 – 1995.

[125] 许金华, 孙德强, 范英等. 基于 FTA 仿真的三高气田事故风险概率 [J]. 系统工程理论与实践, 2012, 32 (4): 877 – 884.

[126] 杨景标, 马晓茜. 基于突变论的林火蔓延分析 [J]. 工程热物理学报, 2003, 24 (1): 169 – 172.

[127] 杨理智, 张韧, 白成祖等. 基于贝叶斯网络的我国海上能源通道海盗袭击风险分析与实验评估 [J]. 指挥控制与仿真, 2014, 36 (2): 51 – 57.

[128] 杨雪美, 王晓翌, 李鸿敏. 供应链视角下我国突发食品安全事件风险评价 [J]. 食品科学, 2017, 38 (19): 309 – 314.

[129] 杨重玉. 农业自然灾害对粮食生产影响研究 [D]. 湖南农业大学, 2012.

[130] 姚予龙, 谷树忠. 资源安全机理及其经济学解释 [J]. 资源科学, 2002, 24 (5): 46 – 51.

[131] 叶琼元, 兰月新, 王强等. 面向突发事件的网民情绪演化系统动力学模型研究 [J]. 情报杂志, 2017, 36 (9): 153 – 159.

[132] 殷飞, 张鹏, 兰月新等. 基于系统动力学的突发事件网络谣言治理研究 [J]. 情报科学, 2018, 36 (4): 57 – 63.

[133] 余昊, 杨家其, 赵学或等. 基于系统动力学的三峡库区水上突发事件应急救援效率研究 [J]. 武汉理工大学学报 (交通科学与工程版), 2017 (2): 277 – 282.

［134］余乐安，李玲，武佳倩等．基于系统动力学的危化品水污染突发事件中网络舆情危机应急策略研究［J］．系统工程理论与实践，2015，35（10）：2687－2697．

［135］袁国平，许晓兵．基于系统动力学的关于突发事件后网络舆情热度研究［J］．情报科学，2015（10）：52－56．

［136］袁显平，严永胜，张金锁．我国煤矿矿难特征及演变趋势［J］．中国安全科学学报，2014（6）：135－140．

［137］袁晓芳，田水承，王莉．基于 PSR 与贝叶斯网络的非常规突发事件情景分析［J］．中国安全科学学报，2011，21（1）：169－176．

［138］袁永根，吴锡军．系统思考在企业和公共事业机构的管理和决策模拟中的应用［J］．计算机与应用化学，2004，21（3）：395－400．

［139］张斐，吴庆初，曾广洪．网络上具有一般直接免疫的 SIRS 传染病模型分析［J］．复杂系统与复杂性科学，2017，14（1）：81－87．

［140］张广胜，刘伟．基于复杂网络理论的物流服务供应链网络脆弱性机理研究［J］．商业经济与管理，2016（12）：19－27．

［141］张建新．资源民族主义的全球化及其影响［J］．社会科学，2014（2）：19－27．

［142］张金清，刘庆富．中国金属期货市场与现货市场之间的波动性关系研究［J］．金融研究，2006（7）：102－112．

［143］张峻晓，谭小芬．国际大宗商品价格波动：基本面还是投机因素——基于 2003～2014 年全样本 VAR 和滚动 VAR 模型的分析［J］．金融评论，2015（3）：59－74．

［144］张满银，王生新，孙志忠等．基于云理论的油气管道滑坡危险性综合评价［J］．工程科学学报，2018（4）：427－437．

［145］张珣，余乐安，黎建强等．重大突发事件对原油价格的影响［J］．系统工程理论与实践，2009（3）：10－15．

[146] 张业成，张立海，马宗晋等.20 世纪中国自然灾害对社会经济影响的时代变化与阶段差异 [J]. 灾害学，2008，23（2）：55 - 58.

[147] 张一，郭师玮. 新媒体环境下突发公共事件网络舆情控制研究 [J]. 新媒体研究，2016，2（16）：46 - 47.

[148] 张一文，齐佳音，方滨兴等. 非常规突发事件及其社会影响分析——基于引致因素耦合协调度模型 [J]. 运筹与管理，2012，21（2）：202 - 211.

[149] 张一文，齐佳音，马君等. 网络舆情与非常规突发事件作用机制——基于系统动力学建模分析 [J]. 情报杂志，2010，29（9）：1 - 6.

[150] 张义庭，谢威. 基于熵理论的高校突发事件网络舆情五力模型构建 [J]. 情报杂志，2012，31（11）：19 - 22.

[151] 张银燕，李弼程，崔家玮. 基于云贝叶斯网络的目标威胁评估方法 [J]. 计算机科学，2013（10）：127 - 131.

[152] 张玉春，郭宁，周金华. 需求扰动下闭环供应链收益共享契约协调仿真研究 [J]. 科技管理研究，2015，35（15）：211 - 215.

[153] 张玉亮. 基于 UML 方法的突发事件网络舆情信息流风险评价指标体系构建研究 [J]. 图书与情报，2016（3）：1 - 10.

[154] 钟美瑞，谌杰宇，黄健柏等. 基于 MSVAR 模型的有色金属价格波动影响因素的非线性效应研究 [J]. 中国管理科学，2016，24（4）：45 - 53.

[155] 钟美瑞，胡小雪，黄健柏等. 基于组合性均衡评价模型的矿产资源开发补偿定价公平性分析 [J]. 经济地理，2015，35（4）：162 - 168.

[156] 仲秋雁，路光，王宁. 基于知识元模型和系统动力学模型的突发事件仿真方法 [J]. 情报科学，2014（10）：15 - 19.

[157] 周炳中，杨浩，包浩生，赵其国，周生路. PSR 模型及在土

地可持续利用评价中的应用 [J]. 自然资源学报, 2002 (5): 541 - 548.

[158] 朱丹, 谢晓尧, 徐洋等. 基于云模型与贝叶斯反馈的网络安全等级评估方法 [J]. 山东大学学报 (理学版), 2018, 53 (1): 53 - 62.

[159] 朱力. 突发事件的概念、要素与类型 [J]. 南京社会科学, 2007 (11): 81 - 88.

[160] 朱顺泉. 基于突变级数法的上市公司绩效综合评价研究 [J]. 统计科学与实践, 2001, 22 (10): 90 - 94.

[161] 朱学红, 谌金宇, 彭韬. 中国市场的大宗商品金融化测度 [J]. 统计与决策, 2016 (17): 149 - 151.

[162] 朱学红, 谌金宇, 邵留国. 信息溢出视角下的中国金属期货市场国际定价能力研究 [J]. 中国管理科学, 2016, 24 (9): 28 - 35.

[163] 朱学红, 谌金宇, 钟美瑞等. 国际有色金属价格的 "中国需求" 分解及解释 [J]. 经济经纬, 2015, 32 (6): 65 - 70.

[164] 朱学红, 张宏伟, 黄健柏等. 突发事件对国家金属资源安全的冲击影响 [J]. 资源科学, 2018, 40 (3): 486 - 497.

[165] 朱学红, 张宏伟, 李心媛. 中国稀土国际市场势力测度及政策有效性研究 [J]. 国际贸易问题, 2018 (1): 32 - 44.

[166] 朱学红, 张宏伟, 张众等. 金属资源跨期现市场操纵的判别——以高盛铝价操纵案为例 [J]. 中南大学学报 (社会科学版), 2017 (2): 94 - 102.

[167] 朱学红, 张宏伟, 钟美瑞等. 基于高频数据的中国有色金属期货市场量价关系研究 [J]. 中国管理科学, 2018, 26 (6): 8 - 16.

[168] 朱玉林, 李明杰, 顾荣华. 基于压力—状态—响应模型的长株潭城市群生态承载力安全预警研究 [J]. 长江流域资源与环境, 2017 (12): 2057 - 2064.

[169] 朱正威, 胡永涛, 郭雪松. 基于尖点突变模型的社会安全事

件发生机理分析 [J]. 西安交通大学学报（社会科学版），2011，31 (3)：51 – 55.

[170] 朱正威，赵欣欣，蔡李. 突发公共安全事件扩散动力学模型仿真研究 [J]. 中国行政管理，2012 (9)：125 – 128.

[171] Andreasson P, Bekiros S, Nguyen D K, et al. Impact of speculation and economic uncertainty on commodity markets [J]. International Review of Financial Analysis, 2016, 43：115 – 127.

[172] Ashrafi M, Davoudpour H, Khodakarami V. A Bayesian Network to Ease Knowledge Acquisition of Causal Dependence in CREAM：Application of Recursive Noisy – OR Gates [J]. Quality & Reliability Engineering International, 2017, 33 (3)：479 – 491.

[173] Charles A, Darné O. Large shocks and the September 11th terrorist attacks on international stock markets [J]. Economic Modelling, 2006, 23 (4)：683 – 698.

[174] Chen H, Liao H, Tang B J et al. Impacts of OPEC's political risk on the international crude oil prices：An empirical analysis based on the SVAR models [J]. Management World, 2016, 57 (10)：42 – 49.

[175] Commission E. Critical raw materials for the EU, Report of the Ad-hoc Working Group on defining critical raw materials [R]. Technical report, 2010.

[176] Cooke D L. A system dynamics analysis of the Westray mine disaster [J]. System Dynamics Review, 2003, 19 (2)：139 – 166.

[177] Daw G. Security of mineral resources：A new framework for quantitative assessment of criticality [J]. Resources Policy, 2017, 53：173 – 189.

[178] National Research Council. Minerals, Critical Minerals and the

U. S. Economy [M]. National Academies Press, 2008.

[179] EU Commission. Study on the review of the list of critical raw materials [J]. European Commission, Brussels, 2017.

[180] Frankel J A. Effects of speculation and interest rates in a "carry trade" model of commodity prices [J]. Journal of International Money and Finance, 2014, 42: 88 – 112.

[181] Frenzel M, Tolosanadelgado R, Gutzmer J, et al. Assessing the supply potential of high-tech metals – A general method [J]. Resources Policy, 2015, 46 (2): 45 – 58.

[182] Garvey P R, Lansdowne Z F. Risk matrix: an approach for identifying, assessing, and ranking program risks [J]. Air Force Journal of Logistics, 1998, 22 (1): 18 – 21.

[183] Gemechu E D, Helbig C, Sonnemann G et al. Import-based Indicator for the Geopolitical Supply Risk of Raw Materials in Life Cycle Sustainability Assessments [J]. Journal of Industrial Ecology, 2016, 20 (1): 154 – 165.

[184] Gkillas K, Gupta R, Wohar M E. Volatility jumps: The role of geopolitical risks [J]. Finance Research Letters, 2018, 27: 247 – 258.

[185] Glöser – Chahoud S, Espinoza L T, Walz R et al. Taking the Step towards a More Dynamic View on Raw Material Criticality: An Indicator Based Analysis for Germany and Japan [J]. 2016, 5 (4): 45.

[186] Gordon R B, Bertram M, Graedel T E. Metal stocks and sustainability. [J]. Proceedings of the National Academy of Sciences of the United States of America, 2006, 103 (5): 1209 – 1214.

[187] Graedel T E, Barr R, Chandler C, et al. Methodology of metal criticality determination [J]. Environmental Science & Technology, 2012, 46

（2）：1063 – 1070.

[188] Graedel T E, Harper E M, Nassar N T et al. Criticality of metals and metalloids. [J]. Proc Natl Acad Sci U S A, 2015, 112 （14）：4257 – 4262.

[189] Haase M, Seiler Zimmermann Y, Zimmermann H. The impact of speculation on commodity futures markets – A review of the findings of 100 empirical studies [J]. Journal of Commodity Markets, 2016, 3 （1）：1 – 15.

[190] Habib K, Hamelin L, Wenzel H. A dynamic perspective of the geopolitical supply risk of metals [J]. Journal of Cleaner Production, 2016, 133：850 – 858.

[191] Habib K, Wenzel H. Exploring rare earths supply constraints for the emerging clean energy technologies and the role of recycling [J]. Journal of Cleaner Production, 2014, 84 （1）：348 – 359.

[192] Hamilton J D, Wu J C. Effects of index – fund investing on commodity futures prices [J]. International Economic Review, 2015, 56 （1）：187 – 205.

[193] He Z. Risk management for overseas construction projects [J]. International Journal of Project Management, 1995, 13 （4）：231 – 237.

[194] Helbig C, Wietschel L, Thorenz A, et al. How to evaluate raw material vulnerability – An overview [J]. Resources Policy, 2016, 48：13 – 24.

[195] Huchet N, Fam P G. The role of speculation in international futures markets on commodity prices [J]. Research in International Business and Finance, 2016, 37：49 – 65.

[196] Hudson L D, Ware B S, Mahoney S M, et al. An Application of Bayesian Networks to Antiterrorism Risk Management for Military Planners [J].

Georgy Mason University, 2005.

[197] Hudson R, Urquhart A. War and stock markets: The effect of World War Two on the British stock market [J]. International Review of Financial Analysis, 2015, 40: 166 – 177.

[198] Jeffrey D. Wilson, 黄飞翔, 黄梅波. 资源民族主义或自由主义？——解析澳大利亚对中国矿业投资的态度 [J]. 经济资料译丛, 2013 (1): 66 – 79.

[199] Kalantarnia M, Khan F, Hawboldt K. Modelling of BP Texas City refinery accident using dynamic risk assessment approach [J]. Process Safety & Environmental Protection, 2010, 88 (3): 191 – 199.

[200] Kaufmann R K, Ullman B. Oil prices, speculation and fundamentals: Interpreting causal relations among spot and futures prices [J]. Energy Economics, 2009, 31 (4): 550 – 558.

[201] Khan F I, Amyotte P R. Modeling of BP Texas City refinery incident [J]. Journal of Loss Prevention in the Process Industries, 2007, 20 (4): 387 – 395.

[202] Kilian L, Lee T K. Quantifying the speculative component in the real price of oil: The role of global oil inventories [J]. Cepr Discussion Papers, 2013, 42 (2): 71 – 87.

[203] Kilian L, Murphy D P. The role of inventories and speculatiive trading in the global market for crude oil [J]. Cepr Discussion Papers, 2010, 29 (3): 454 – 478.

[204] Kollias C, Manou E, Papadamou S, et al. Stock markets and terrorist attacks: Comparative evidence from a large and a small capitalization market [J]. European Journal of Political Economy, 2011, 27 (4): S64 – S77.

[205] Lauritzen S L. Propagation of Probabilities, Means, and Variances

in Mixed Graphical Association Models [J]. Publications of the American Statistical Association, 1992, 87 (420): 1098 – 1108.

[206] Li H, Kim H G, Park S Y. The role of financial speculation in the energy future markets: A new time-varying coefficient approach [J]. Economic Modelling, 2015, 51: 112 – 122.

[207] Manera M, Nicolini M, Vignati I. Modelling futures price volatility in energy markets: Is there a role for financial speculation? [J]. Energy Economics, 2016, 53: 220 – 229.

[208] Manera M, Nicolini M, Vignati I. Returns in Commodities Futures Markets and Financial Speculation: A Multivariate GARCH Approach [J]. Ssrn Electronic Journal, 2012.

[209] Mellios C, Six P, Lai A N. Dynamic speculation and hedging in commodity futures markets with a stochastic convenience yield [J]. European Journal of Operational Research, 2016, 250 (2): 493 – 504.

[210] Moning K J. Environmental policy performance indicators: a study on the development of indicators for environmental policy in the Netherlands [J]. Journal of the European Academy of Dermatology & Venereology, 2008, 23 (1): 109 – 110.

[211] Morelli M, Rohner D. Resource concentration and civil wars [J]. Journal of Development Economics, 2015, 117: 32 – 47.

[212] Mun K C. Contagion and impulse response of international stock markets around the 9 – 11 terrorist attacks [J]. Global Finance Journal, 2005, 16 (1): 48 – 68.

[213] Nikkinen J, Omran M M, Sahlström P, et al. Stock returns and volatility following the September 11 attacks: Evidence from 53 equity markets [J]. International Review of Financial Analysis, 2008, 17 (1): 27 – 46.

[214] Pearl J. Probabilistic reasoning in intelligent systems: networks of plausible inference [J]. Computer Science Artificial Intelligence, 1988, 70 (2): 1022 – 1027.

[215] Persaud B N, Hall F L. Catastrophe theory and patterns in 30 – second freeway traffic data—Implications for incident detection [J]. Transportation Research Part A General, 1989, 23 (2): 103 – 113.

[216] Ploeg F V D, Rohner D. War and Natural Resource Exploitation [J]. European Economic Review, 2012, 56 (8): 1714 – 1729.

[217] Rosenau – Tornow D, Buchholz P, Riemann A, et al. Assessing the long-term supply risks for mineral raw materials—a combined evaluation of past and future trends [J]. Resources Policy, 2009, 34 (4): 161 – 175.

[218] Shan L, Gong S X. Investor sentiment and stock returns: Wenchuan Earthquake [J]. Finance Research Letters, 2012, 9 (1): 36 – 47.

[219] Shao L G, Zhu X H, Huang J B, et al. Empirical study of speculation roles in international copper price bubble formation [J]. Transactions of Nonferrous Metals Society of China, 2013, 23 (8): 2475 – 2482.

[220] Shao L, Zhu X, Huang J, et al. Empirical study of speculation roles in international copper price bubble formation [J]. Transactions of Nonferrous Metals Society of China, 2013, 23 (8): 2475 – 2482.

[221] Sohn I. Long-term projections of non-fuel minerals: We were wrong, but why? [J]. Resources Policy, 2005, 30 (4): 259 – 284.

[222] Tiess G. Minerals policy in Europe: Some recent developments [J]. Resources Policy, 2010, 35 (3): 190 – 198.

[223] Tilton J E, Lagos G. Assessing the long-run availability of copper [J]. Resources Policy, 2007, 32 (1): 19 – 23.

[224] Vortelinos D I, Saha S. The impact of political risk on return,

volatility and discontinuity: Evidence from the international stock and foreign exchange markets [J]. Finance Research Letters, 2016, 17: 222 – 226.

[225] Wang C, Zuo L S, Ping – Jie H U, et al. Evaluation and simulation analysis of China's copper security evolution trajectory [J]. Transactions of Nonferrous Metals Society of China, 2013, 23 (8): 2465 – 2474.

[226] Wang G J, Xie C, Zhang P et al. Dynamics of foreign exchange networks: a time-varying copula approach [J]. Discrete Dynamics in Nature and Society, 2014.

[227] Wang Y M, Yanga J B. Environmental impact assessment using the evidential reasoning approach [J]. European Journal of Operational Research, 2006, 174 (3): 1885 – 1913.

[228] Watts D J, Strogatz S H. Collective dynamics of 'small-world' networks [J]. Nature, 1998, 393 (6684): 440 – 442.

[229] Worthington A, Valadkhani A. Measuring the impact of natural disasters on capital markets: an empirical application using intervention analysis [J]. Applied Economics, 2003, 36 (19): 2177 – 2186.

[230] Wu J, Yang J, Ma L et al. A system analysis of the development strategy of iron ore in China [J]. Resources Policy, 2016, 48: 32 – 40.

[231] Xu Y, Xu D. The study of forecasting model of rock burst for acoustic emission based on BP neural network and catastrophe theory [M]. Advances in nearal network research and applications. Springer, Berlin, Heidelberg, 2010: 11 – 19.

[232] Yang J B, Xu D L. On the evidential reasoning algorithm for multiple attribute decision analysis under uncertainty [J]. IEEE Transactions on Systems, Man and Cybernetics – Part A: Systems and Humans, 2002, 32 (3): 289 – 304.

[233] Yang J, Sen P. Multiple Attribute Design Evaluation of Complex Engineering Products Using the Evidential Reasoning Approach [J]. Journal of Engineering Design, 1997, 8 (3): 211 – 230.

[234] Yanga J B, Wanga Y M, Xua D L et al. The evidential reasoning approach for MADA under both probabilistic and fuzzy uncertainties [J]. European Journal of Operational Research, 2006, 171 (1): 309 – 343.

[235] Yellishetty M, Mudd G M. Substance flow analysis of steel and long term sustainability of iron ore resources in Australia, Brazil, China and India [J]. Journal of Cleaner Production, 2014, 84: 400 – 410.

[236] Zhang B, Qin Y, Huang M, et al. SD – GIS – based temporal-spatial simulation of water quality in sudden water pollution accidents [J]. Computers & Geosciences, 2011, 37 (7): 874 – 882.

[237] Zhang H, Zhu X, Guo Y, et al. A separate reduced-form volatility forecasting model for nonferrous metal market: Evidence from copper and aluminum [J]. Journal of Forecasting, 2018, 37 (7): 754 – 766.

[238] Zhong M R, Chen J Y, Zhu X H, et al. Strategic equilibrium price analysis and numerical simulation of preponderant high-tech metal mineral resources [J]. Transactions of Nonferrous Metals Society of China, 2013, 23 (10): 3153 – 3160.

[239] Zhu X H, Chen J Y, Zhong M R, et al. Dynamic interacting relationships among international oil prices, macroeconomic variables and precious metal prices [J]. Transactions of Nonferrous Metals Society of China, 2015, 25 (2): 669 – 676.

[240] Zhu X, Zhang H, Zhong M. Volatility forecasting using high frequency data: The role of after-hours information and leverage effects [J]. Resources Policy, 2017, 54: 58 – 70.

后　　记

　　本书是 2016 年国家自然科学基金重点招标项目"经济新常态下的国家金属资源安全管理及其政策研究"（批准号 71633006）的部分研究成果，同时是由黄健柏教授主编的《国家金属资源安全丛书》的分册之一。

　　从 2017 年承担该项目以来，课题组以金属资源非常规安全为出发点，在厘清非常规突发事件对国家金属资源安全影响机理的基础上，一方面从压力、状态、响应三个维度出发构建金属资源非常规突发事件风险分析框架，以铁矿石海上通道突发事件为例，分析和评估了金属资源非常规突发事件风险；另一方面，鉴于非常规突发事件对国家金属资源安全影响构成压力—状态—响应的因果反馈关系链，基于系统仿真模拟的方法从系统内部机制出发，探讨问题发生的根源，进一步分析国家金属资源非常规安全机理。在此基础上，结合经济新常态下我国金属资源安全面临的新形势、新挑战和新问题，一方面提出构建由应急法规体系、信息发布体系、应急预案体系、监测预警体系、应急组织体系、应急储备体系、供应动态评估体系和应急演练体系共八部分组成的国家金属资源非常规突发事件应急体系的设想；另一方面提出建立非常规突发事件风险动态评估机制、跨市场联动预警机制、应急储备机制及拓展境外资源供应渠道等政策建议。回答了我国当前面临哪些非常规突发事件，其冲击影响机理和风险程度如何，会对国家金属资源安全冲击造成怎样的冲击等关键问题。本书正是对这些课题主要研究成果的梳理和呈现。

朱学红、黄健柏、王昶、钟美瑞、邵留国、郭尧琦等老师以不同形式对课题的完成和本书的撰写提供了诸多帮助，他们的建议使得研究不断趋于成熟，在此深表感谢。

此外，感谢 Resources Policy、《管理工程学报》《资源科学》等国内外权威期刊对成果的认可，感谢在成果刊发过程中各位同行专家对该书成果所提的建设性意见；最后，对鼎力支持课题研究的同行、社会各界朋友及经济科学出版社的领导和编辑表示衷心地感谢。

需要指出的是，鉴于国家金属资源安全管理中非常规安全问题的复杂性，本书的研究仍存在若干需要进一步探索和研究的地方，书中的不足和错漏之处也请读者不吝指正。尽管如此，我们仍希望本书的出版能够对相关领域的学者、政府管理部门、企业管理人员及关心该问题的读者们有所帮助。